侠客诗仙李白

长风破浪会有时

朱 媛·著

北京燕山出版社
BEIJING YANSHAN PRESS

图书在版编目（CIP）数据

侠客诗仙李白：长风破浪会有时 / 朱媛著 . — 北
京 : 北京燕山出版社 , 2023.12

ISBN 978-7-5402-7159-6

Ⅰ . ①侠… Ⅱ . ①朱… Ⅲ . ①李白（701-762）—传
记 Ⅳ . ① K825.6

中国国家版本馆 CIP 数据核字（2024）第 002578 号

侠客诗仙李白：长风破浪会有时

著者：朱媛

责任编辑：邓京　武书宇

封面设计：尚书堂

出版发行：北京燕山出版社有限公司

社址：北京市西城区椿树街道琉璃厂西街 20 号

邮编：100052

电话传真：86-10-65240430（总编室）

印刷：北京亚吉飞数码科技有限公司

成品尺寸：165mm×235mm

字数：171 千字

印张：15.5

版别：2023 年 12 月第 1 版

印次：2023 年 12 月第 1 次印刷

ISBN：978-7-5402-7159-6

定价：56.00 元

前　言

　　李白，大唐盛世中的伟大诗人，诗歌世界中的璀璨明星，其诗汪洋恣肆、雄奇奔放、浪漫至极，令世人津津乐道、拍案叫绝。除了惊为天人的诗才，李白的为人亦令世人惊艳且向往，他桀骜不驯、豪放不羁、坚定不移，令人仰慕。

　　李白是大唐盛世的亲历者，亦是大唐盛世的最佳代言人。他的一生充满了传奇色彩，年少时壮游山河，广结志同道合之士；中年时求仕屡屡碰壁，举杯消愁愁更愁；晚年时一贫如洗，困顿人间。

　　大起大落间，李白始终豁达自若，不受外物束缚。富贵时，他视金钱如粪土，认定"天生我材必有用，千金散尽还复来"；落魄时，他坚信

"长风破浪会有时，直挂云帆济沧海"；死里逃生后，他欣慰地感叹道："两岸猿声啼不住，轻舟已过万重山。"

在世人眼里，李白是永悬夜空的明月、是落入凡间的仙人，有着与生俱来的浪漫，象征着永恒的自由。

而李白眼里的自己，既是英姿飒爽、神采飞扬的侠客，"银鞍照白马，飒沓如流星""事了拂衣去，深藏身与名"；又是清高孤傲、睥睨权贵的酒仙，"天子呼来不上船，自称臣是酒中仙"。

同时，他亦以寒光凛冽的雄剑、飘逸出尘的凤凰、奔腾不息的天马和振翅高飞的大鹏自比。

"雄剑挂壁，时时龙鸣。不断犀象，绣涩苔生。"

"凤飞九千仞，五章备彩珍。衔书且虚归，空入周与秦。"

"天马呼，飞龙趋，目明长庚臆双凫。尾如流星首渴乌，口喷红光汗沟朱。"

"大鹏一日同风起，扶摇直上九万里。假令风歇时下来，犹能簸却沧溟水。"

在人生的旅途中，李白且歌且行。一路的所见所闻、所思所想皆幻化成灵感，又源源不绝地倾泻于笔端，最终汇聚成璀璨诗歌、锦绣文章。他用诗歌、文章表达个性，彰显气度，挥洒性灵，字里行间皆在歌咏人生理想，倾诉精神追求，寻觅灵魂知己。

好一个诗仙李白！

世人在阅读李白的诗歌时，总会不自觉地发出赞叹，被他的才情和人格魅力所深深折服。而他也将像中国文学史上的其他璀璨明星一样，永远被世人所铭记、赞美！

作　者

2023 年 9 月

目 录

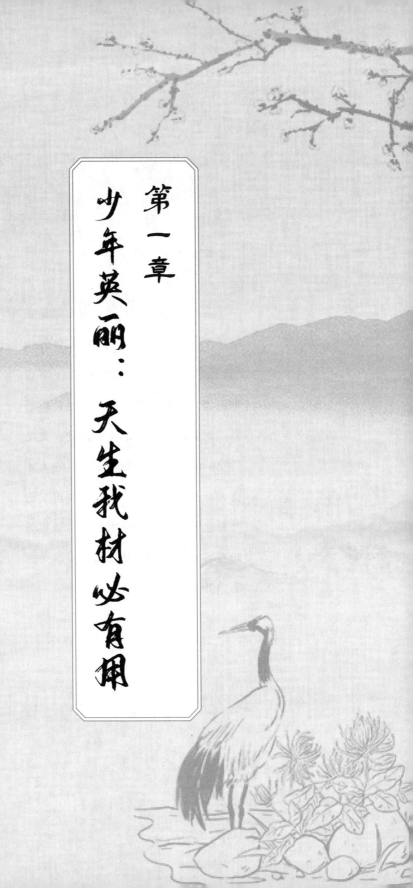

第一章

少年英丽：天生我材必有用

在中国文学史上，李白无疑是备受瞩目的一位巨星，被后人尊称为"诗仙"。他是"银鞍照白马，飒沓如流星"的潇洒侠客，是"举杯邀明月，对影成三人"的不羁酒仙，更是"笔落惊风雨，诗成泣鬼神"的天才诗人。如果说长安是李白毕生追求的梦想之地，那么蜀地则是李白梦想的起点。他的人生之路，从钟灵毓秀的蜀地开启。

长庚入怀，开启不凡岁月

李白，一个闪耀千古的名字。他才华横溢，狂放洒脱，哪怕在群星璀璨的大唐，也无人能掩盖得了他的独特光辉。

李白出生于唐武后长安元年（701 年），这一年，大唐疆域辽阔，天下太平，一派盛世光景。李白诞生于大唐盛世，大唐盛世的风流繁荣造就了李白的传奇人生。

"长庚入怀"的传说

李白跌宕起伏的人生，由一个颇具传奇色彩的传说开启，即"长庚入怀"。唐代李阳冰在《草堂集序》中记载道："惊姜之夕，长庚入梦，故生而名白，以太白字之。世称太白之精，得之矣。"意思是说，李白的母亲曾梦见长庚星（即太白星）投入怀中，后李白诞生于世，李白的父母受此梦启发，用"白"字为刚诞生的孩儿命名。

后世人们经常用"长庚入梦""长庚入怀"代指李白出生，或表示传奇之才的诞生。

扑朔迷离的身世

李白在自己的作品中较少提起父母，后人只知其父名为李客，却不知其母乃至祖上的家世背景、生平事迹等。正因如此，李白的身世、出生地也成了历史谜团，众说纷纭。

一说李白是陇西（今甘肃秦安县一带）人。只因李白在自己的作品中较常提及自己是陇西人，比如在《与韩荆州书》中，李白这样介绍自己："白，陇西布衣，流落楚、汉。"在《赠张相镐二首》中，李白坦言："本家陇西人，先为汉边将。功略盖天地，名飞青云上。"根据李白的这些自述，后世有学者认为李白出生于陇西。

一说李白祖籍陇西，但出生于蜀地（今四川省）。唐代文学家、李白的朋友魏颢在《李翰林集序》中记载道："白本陇西，乃放形，因家于绵。身既生蜀，则江山英秀。"据此记载，李白祖辈原本是陇西人，后李父举家搬迁至蜀地，故李白也出生于蜀地。

《草堂集序》中也有这样的记载："李白，字太白，陇西成纪人。

凉武昭王暠九世孙。蝉联珪组，世为显著。中叶非罪，谪居条支，易姓与名。然自穷蝉至舜，五世为庶，累世不大曜，亦可叹焉。神龙之始，逃归于蜀，复指李树，而生伯阳。"大意是说，李白是陇西成纪人，为凉武昭王李暠的九世孙。祖上家世显赫，但后遭贬斥，致使家道中落。唐朝时，李白父母逃至四川，后生下李白。

明代才子杨慎经过一番考据，认为李白出生于四川江油彰明的青莲乡（今四川江油青莲镇），这种说法也获得很多学者的认同。

而在今天的青莲镇，还建有李白故居，有诗云："太白文光照九州，青莲雅秀自古流。"

四川江油李白故里风光

还有一种说法也获得了不少支持，即"西域说"。民国历史学家陈寅恪、胡怀琛等人都赞同"西域说"。比如，陈寅恪在其论文《李太白氏族之疑问》中推断，李白出生于西域，可能是个"混血儿"。后郭沫若在其著作《李白与杜甫》中提出，李白并非生于中原，中亚细亚伊塞克湖西北的碎叶城（今吉尔吉斯斯坦托克马克市）很有可能是他的出生地。此后，李白身世之"西域说"在学术界也广为流传。

　　到了当代，亦有学者认为李白是唐高祖李渊嫡长子李建成的后人，而李白之所以对自己的家世讳莫如深，原因可能正在于此。

　　当然，无论李白出生于何地，如今学术界普遍的认知是李白的童年、少年时光在蜀地度过，蜀地风情激发了李白的天赋，滋养了李白的诗情，也给予他无限的创作灵感。而李白的"诗仙"之路，也由此开始……

四川江油李白雕像

五岁诵六甲，十岁观百家

李白在山清水秀的青莲乡度过了他的童年时光。幼年李白不仅天赋非凡，而且勤奋好学，为其日后成为一代诗仙奠定了坚实的基础。

天资聪慧，卓尔不群

在《上安州裴长史书》中，李白回忆道："少长江汉，五岁诵六甲，十岁观百家。轩辕以来，颇得闻矣。"

意思是说，李白五岁时便开始诵读"六甲"①，十岁时便开始广泛

---

① 清代学者王琦提出，"六甲"可能是唐时儿童蒙学教材。

涉猎诸子百家的学说，对史事了解颇深。可见李白自幼聪慧，天资过人，卓尔不群。

随着李白渐渐长大，李父对李白的学业也越来越重视。在《秋于敬亭送从侄耑游庐山序》中，李白提道："余小时，大人令诵《子虚赋》。"《子虚赋》是汉代的大辞赋家司马相如的作品，其中所提到的"云梦泽"令李白颇感神奇，也令他向往不已。

李父敦促李白诵读《子虚赋》，无疑是在李白心中种下一颗向往远方的种子，也激发和培养了他浪漫雄奇的想象力。

勤奋好学，铁杵磨成针

"绣口一吐，就半个盛唐。"李白那常人难以匹敌的才华来源于其非凡的天赋，亦来源于他的勤奋苦读。

在《上安州裴长史书》中，李白感叹道："常横经籍书，制作不倦，迄于今三十春矣……"大意是说，他的枕边总是摆放着各类书籍，方便他随手拿取、阅读，平日里，他也总是笔耕不辍，努力夯实诗文功底。

据说李白年少时之所以如此勤奋读书，是受到了"铁杵成针"的启发。相传，李白小时候有一次读书中途外出游玩，在路上，他看到一位老奶奶手握铁杵，用力地在石头上磋磨。

年少的李白不由好奇地问道："您磨这根铁杵做什么？"老奶奶

回答道："是为了将它磨成针。"李白连连摇头，不信这么粗的铁杵能磨成细针。老奶奶笑道："一日自然磨不成，但若日日磨它，时间久了，还怕磨不成针吗？"李白听了若有所思，从那以后，他比从前更加用功读书，极少有过松懈的时刻。

关于李白幼时读书，还有这样一个故事。据说李父曾将年幼的李白送到离家甚远的小匡山读书，入山后，李白日日勤思苦学，不知疲倦，哪怕到了深夜，也要在油灯下捧书诵读。山下的人们几乎晚晚都能看到山上闪烁的灯光，小匡山也因此得名"点灯山"。多年后，李白的好友杜甫在经过此山时，曾感叹道："匡山读书处，头白好归来。"

后人在诵读李白的作品时，惊艳之余，恐怕也好奇诗仙究竟是如何炼成的。其实，答案很简单，那就是天赋与努力相辅相成，缺一不可。伴着书香，年少的李白斗志昂扬，正向着心中的梦想积极进发……

望月少年，浪漫天生

幼时的李白对天上的明月很是痴迷，在他看来，月亮时隐时现，时圆时缺，变化无穷，有着无限的魅力。多年后，他曾在《古朗月行》一诗中回忆起自己幼年时对月亮的痴迷与喜爱：

> 小时不识月，呼作白玉盘。
>
> 又疑瑶台镜，飞在青云端。

每当月亮升起，小李白就欢呼雀跃，指着天上的明月称其为"白玉盘"，时而又怀疑那悬挂在夜空中、游走于青云间的莹润光洁之物是瑶台仙人的梳妆镜。寥寥数笔将李白幼时天真无邪、活泼可爱的形象刻画得淋漓尽致。

怀着对月亮的向往与崇拜，李白渐渐成长为一个洒脱浪漫的少年。彼时的他，对月亮依旧有着说不出的眷念与倾慕，在少年李白的想象里，月亮上有仙人，有桂树，有蟾蜍，有玉兔，那是一个神秘而美好的世界。他想和月亮对话，畅谈心中的疑惑，他又想飞上月亮，饱览仙境之美。

望月少年茁壮成长，他无邪、浪漫、钟爱幻想的天性使得他与月亮结下了不解之缘。在往后的岁月中，"明月""山月""秋月"等意象一次又一次地出现在他的笔下。有时候，月亮代表了他对家乡的思念："床前明月光，疑是地上霜。举头望明月，低头思故乡。"（《静夜思》）有时候，他借月亮抒发相思之情："日色欲尽花含烟，月明如素愁不眠。"（《长相思·其二》）有时候，他利用月亮、云海构成苍茫的边塞图景，描述自己对战争的反思、对将士命运的关心："明月出天山，苍茫云海间。长风几万里，吹度玉门关。"（《关山月》）

更多时候，他将明月视为知己："举杯邀明月，对影成三人。""我歌月徘徊，我舞影零乱。"（《月下独酌四首·其一》）月亮见证了他不羁的灵魂，也承载了他浓郁的情怀。

对月亮的喜爱贯穿了李白的一生，而他浪漫的天性也始终未曾改变，一直延续到生命的尽头。如今，明月依旧高悬夜空，那皎洁的月光时不时将后人带入绮丽的幻想之中——或许，千年前的诗仙早已飞身入月，实现了畅游月宫的夙愿！

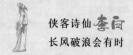
诗歌欣赏

古朗月行

李白

小时不识月，呼作白玉盘。

又疑瑶台镜，飞在青云端。

仙人垂两足，桂树何团团。

白兔捣药成，问言与谁餐？

蟾蜍蚀圆影，大明夜已残。

羿昔落九乌，天人清且安。

阴精此沦惑，去去不足观。

忧来其如何？凄怆摧心肝。

赏　析

《古朗月行》是一首乐府诗，作于唐玄宗天宝末年。

"小时不识月，呼作白玉盘。又疑瑶台镜，飞在青云端。"此诗开篇描写李白幼年时错认月亮为"白玉盘""瑶台镜"，既描写出月亮圆润、光洁的样子，又表现出李白幼年时的天真烂漫及对月亮的喜爱之情，可谓生动传神。

"仙人垂两足，桂树何团团。白兔捣药成，问言与谁餐？"这四句中提到的"仙人""桂树""白兔"既是诗人的想象，也暗含民间广泛流传的神话传说：当月亮初生时，人们只能看到仙人的双足；等月亮渐圆，人们渐渐能看到仙人和桂树的全貌；等到月圆那一天，人们能看见月亮中的白兔正在勤奋地捣药……这样的描写给予读者一种

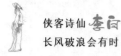

极其浪漫的阅读感受，正体现了诗人深厚的
创作功底。

"蟾蜍蚀圆影，大明夜已残。"这两句
描写圆月变缺，失去皎洁，变得晦暗不明的
样子，隐喻时局发生变化，朝廷中佞臣当
道。"羿昔落九乌，天人清且安。"诗人在
此处提到了后羿射日的传说，感慨若是如今
也能出现后羿这样的英雄，天下就能变得清
明、太平。

"阴精此沦惑，去去不足观。忧来其如
何？凄怆摧心肝。"最后四句展现了诗人内
心失望、愁闷的情绪，皎洁的明月已经被彻
底吞噬，只剩下无边无际的黑暗，不如趁早
走开。

这首诗想象瑰丽，情绪浓厚，寓意深
远，发人深省，是李白的代表作之一。

剑骨诗魂，志在四方

唐玄宗开元三年（715 年），大唐国力强盛，一派欣欣向荣之景。此时的李白已成长为一个神采飞扬、英姿飒爽的十五岁少年。他终日勤奋不倦地作诗、练剑，同时心怀远方，志气过人，渴望着能早日"仗剑去国，辞亲远游"，一展抱负。

十五观奇书，作赋凌相如

因着多年的刻苦攻读，少年李白的诗文造诣颇高，他信手作下的诗、赋总令大人们眼前一亮，赞不绝口。

据说十四岁时，李白便创作出《夜宿山寺》这样令后人啧啧称道

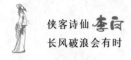
的作品：

> 危楼高百尺，手可摘星辰。
>
> 不敢高声语，恐惊天上人。

这首诗用词简单朴素，却想象奇特，诗风洒脱，寥寥数语便展现出李白超凡脱俗的诗才，令后人神往不已。

十五岁时，李白饱览群书，开始创作辞赋，后来在《赠张相镐二首·其二》中，他不无骄傲地说："十五观奇书，作赋凌相如。"那时候的他所作的辞赋思路精巧、文采斐然，哪怕面对他自小倾慕的司马相如，也有底气与其一较高下。

十五好剑术，遍干诸侯

读书、作诗之余，李白还勤练剑术。在《与韩荆州书》中，李白回忆了那段时光："十五好剑术，遍干诸侯。"

在《结客少年场行》中，李白亦用生动的笔触刻画了一位剑法精妙、凌云壮志的少年侠士形象："少年学剑术，凌轹白猿公。珠袍曳锦带，匕首插吴鸿。"而这位少年侠士，很可能便是李白自己。

如果说皎洁的明月映射着李白超脱现实的浪漫情怀，那么锋利的宝剑便是李白豪气洒脱、收放自如的人生理想的化身。

十五岁的少年无比渴望能成为仗剑江湖的豪侠之士，游走四方，遍赏山河美景，斩尽天下不平事。

在往后的岁月中，李白始终未曾离开过剑。他的诗里也始终闪烁着凛凛剑光，时而豪气干云，"愿将腰下剑，直为斩楼兰"（《塞下曲六首·其一》）；时而愤懑迷茫，"停杯投箸不能食，拔剑四顾心茫然"（《行路难·其一》）；时而浪漫潇洒，"不待金门诏，空持宝剑游"（《寄淮南友人》）……无论李白笔下的剑如何变化多端，剑侠精神始终深深烙印在字里行间，给予后人酣畅淋漓的阅读感受。

十五游神仙，仙游未曾歇

少年李白刻苦读书，勤练剑术，是为了有朝一日能仗剑天涯、一鸣惊人。十五岁那年，他以家乡为根据地，开始了对四周的山山水水的探索。后来在《感兴八首·其五》中，李白自述道：

> 十五游神仙，仙游未曾歇。
>
> 吹笙坐松风，泛瑟窥海月。
>
> 西山玉童子，使我炼金骨。
>
> 欲逐黄鹤飞，相呼向蓬阙。

穿过松林的清风、洒在海面上的点点月光都令他感到愉悦、兴致

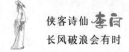
盎然、诗情勃发。在探索自然的过程中，少年李白感到自己的天地变得越来越精彩、辽阔，他的精神世界也变得越发丰富、深邃。

除了游历山水，这一时期的李白也开始从事社会干谒活动。初出茅庐的他因过人的才华受到当地名士的赞赏。但少年李白并不满足于此，他渴望见识到更广阔的世界，结交更多朋友与知己。

彼时意气风发、壮志凌云的他，渴望挣脱一切束缚，去壮游世界，在无尽的旅途中不断增加人生的厚度和广度。

诗歌欣赏

结客少年场行

李白

紫燕黄金瞳，啾啾摇绿鬃。

平明相驰逐，结客洛门东。

少年学剑术，凌轹白猿公。

珠袍曳锦带，匕首插吴鸿。

由来万夫勇，挟此生雄风。

托交从剧孟，买醉入新丰。

笑尽一杯酒，杀人都市中。

羞道易水寒，从令日贯虹。

燕丹事不立，虚没秦帝宫。

舞阳死灰人，安可与成功？

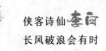
赏 析

《结客少年场行》是一首赞咏游侠的诗，用词精炼、风格雄健、豪气干云，在李白的诗中有着独特的地位。

"紫燕黄金瞳，啾啾摇绿鬃。平明相驰逐，结客洛门东。"开篇前四句描述了这样一幅场景：有着金黄眼瞳、黑色鬃毛的骏马在暗夜中一路疾驰，于凌晨时到达长安洛门。开篇描写骏马，是为了引出后面的少年侠士。"少年学剑术，凌轹白猿公。"少年剑术高超，可与传说中的白猿公相媲美。

其后八句着重刻画少年侠士的英勇与不羁，只见他身穿锦袍，腰藏匕首，威风凛凛，神采飞扬，与故交好友喝起酒来，他无所顾忌，畅快淋漓，遇到不平之事，他能在谈笑间夺去恶人性命。这一番描述，令少年游侠纵横江湖、豪气冲天、洒脱不羁的形象跃然纸上。

在最后六句中，李白借助荆轲刺秦的历史典故来抒发他行侠天下的人生理想和壮志难酬的愁闷情怀。他感叹道，荆轲刺秦之所以会失败，是因为燕太子丹考虑欠周，派秦舞阳协助荆轲入秦官刺杀秦王，怎料秦舞阳在见到秦王后内心惊惧，言行失态，被秦王识破荆轲二人此行的目的，逼得荆轲仓促动手，最终导致任务失败被杀。

李白的感叹恰恰表露了他对于建功立业的渴望和不遇伯乐、壮志难酬的愤慨、愁闷之情。诗末尾虽然弥漫着一股郁闷的情绪，但纵览全诗，又体现出一种刚毅雄健的气概，将诗人的豪气洒脱体现得淋漓尽致。

拜师赵蕤，成就忘年之交

在唐代，道教极受推崇，各地道观林立，信徒众多。巴蜀地区多山，很多山上建有道观，李白读书的匡山上就有。李白幼时遍读诸子百家学说，其中，老庄的著作、思想最吸引他。在成长的过程中，他时常出入道观，与修道之人促膝长谈。

道家学说对李白产生了深远的影响，他性格中的那份飘逸、洒脱、豪迈不羁与道家所强调的道法自然、淡泊无为不谋而合。

大约在十八九岁时，李白隐居于大匡山，读书、练剑之余，亦"往来旁郡"，与当地的道士、隐士、高人交游。他听说梓州（今四川三台县）有位名为赵蕤的隐士学识渊博、品行高洁，便前去拜访。

李白见到赵蕤后，通过与其一番交谈，被对方的才华、气度所折服。而赵蕤也对眼前这个器宇轩昂、谈吐不凡的年轻人另眼相看，赞不绝口。两人堪称一见如故。

在与赵蕤交往的过程中，李白对其学识、人品越加敬佩，最后干脆拜赵蕤为师。两人亦师亦友，成就了一段难得的忘年交。

赵蕤生卒年不详，五代至北宋时期的文学家孙光宪在《北梦琐言》中记载道："赵蕤者，梓州盐亭县人也。博学韬钤，长于经世。夫妇俱有节操，不受交辟，撰《长短经》十卷，王霸之道见行于世。"由此可知，赵蕤为人低调，虽多次受朝廷征召，却都推辞不去，甘愿过隐居生活。另外，他修习纵横术，精通"王霸之道"，著有《长短经》。

虽然李白随赵蕤修业仅一年多，但赵蕤对李白的影响却是终生的。

首先，赵蕤的学术思想对李白影响甚深。赵蕤虽是唐代著名的纵横家，但他本人却学贯百家，对各家学说都如数家珍。赵蕤提倡做学问要兼容并蓄，不能局限于某一家或某几家的思想，而要在了解百家学说的基础上取其精华、去其糟粕，有选择地为己所用。

赵蕤在其著作《长短经》中对儒、道、法、兵等各家学说都提出了自己的见解，堪称集百家思想之大成。李白在阅读这部奇书时顿觉眼界大开，在往后的岁月里，他不再局限于儒、道学说，而是抱着开放、自由的态度去著书立说，最终形成自我独特的诗风和兼容并蓄的创作观念。

其次，赵蕤的性格、为人处世的态度对李白产生了深刻的影响。赵蕤"任侠有气"，不拘小节，他曾撰写《嫘祖圣地》碑文，其中有这样一句话，很能代表他的处世态度："学优则仕，于我如浮云，高卧长平，抚琴弄鹤，漱石枕流，乐在其中矣。"

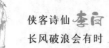
　　李白虽然有雄心壮志，一生都渴望建功立业，但始终视富贵为浮云，且终生保持着独立的人格，绝不向权贵低头。在仕途受挫后，他干脆徜徉于山水间，在山川湖海中挥洒诗情，寄寓心灵，如此洒脱不羁的处世态度和行事作风，虽说是李白的天性使然，但也极有可能是受到了亦师亦友的赵蕤的影响。

　　在李白的成长过程中，赵蕤是一位十分重要的老师。而在离开赵蕤后，李白也很快迎来了人生中第一次真正意义上的壮游……

诗歌欣赏

访戴天山道士不遇

李白

犬吠水声中，桃花带露浓。

树深时见鹿，溪午不闻钟。

野竹分青霭，飞泉挂碧峰。

无人知所去，愁倚两三松。

赏 析

此诗作于李白二十岁之前，诗题中的戴天山即大匡山。全诗情致婉转，风格清新，同时给人以朝气蓬勃之感。

"犬吠水声中，桃花带露浓。"诗的前两句描述了一幅绝美的景象：山涧间流水淙淙，远处隐隐传来犬吠声，诗人驻足张望，发现身旁桃花开得正艳，花瓣上的露珠熠熠生辉。

"树深时见鹿，溪午不闻钟。"这两句描写了诗人继续前进时遇到的山景：山道蜿蜒，树木茂盛，周围绿意森森、一派寂静，中午在溪边听不见山寺钟声，偶尔只见麋鹿从林木间掠过。

"野竹分青霭，飞泉挂碧峰。"这两句继续写诗人来到山上道观后的情景：他想要拜访的道士此时不在道观中，他只能百无聊赖地四处张望，只见屋外丛丛绿竹旁萦绕着淡绿色的云气，远处碧峰上悬挂着一泓飞瀑。

"无人知所去，愁倚两三松。"最后两句由景入情，点出诗人造访不遇时失望、惆怅的情绪。

这首《访戴天山道士不遇》清新飘逸，给人以回味无穷之感，体现出李白早年的创作风格，是其早期佳作之一。

第二章

壮游人间：银鞍白马度春风

二十多岁的李白，意气风发，豁达不羁，初游成都后一发不可收拾，他满心欢喜地投入这壮阔的天地之间，登锦城、探峨眉、过荆门、游金陵、下扬州。李白一路游名胜、访名人，以梦为马，仗剑天涯，挥笔写下许多雄奇奔放、富有浪漫主义精神的诗歌名篇，尽显自由与豪迈。

蜀中游走，饱览四时风光

唐玄宗开元八年（720年），二十岁的李白第一次离开家乡江油，将成都定为目的地，开启初次漫游。

初游成都，李白的目的是干谒公卿，以走上仕途。而成都的山水与人文美景为李白此次出游增添了许多惊喜。

李白初次出游，心情甚好，再加上成都自然风光秀丽，名胜众多，民风民俗浓郁，这些都深深地吸引着李白。拜访名士之余，李白将闲余时间全部都用在游览山水与人文景观上。

在成都，李白瞻仰了司马相如的古琴台和扬雄故居草玄堂，他希望能像司马相如和扬雄一样被赏识，顺利入仕。

李白还曾慕名登览始建于隋朝的散花楼（又称锦楼），并写下《登锦城散花楼》一诗，盛赞散花楼上的壮阔美景。

在成都游览人文名胜之余，李白还到周边的峨眉山和青城山去游玩了一番。

峨眉山景色秀美，为天下名山，且离成都不远，李白自然不会错过峨眉山的好风光。

在返回自幼读书的匡山途中，李白又去了青城山。青城山是道教名山，李白少年时就对道教感兴趣，自述"十五游神仙，仙游未曾歇"。

成都作为李白壮游天下的第一站，这里的美景给李白留下了深刻的印象，再加上成都离李白的老家江油并不远，也便成为日后李白谈及故乡最常提起的地方。因此，李白对成都有着别样的情感，多年后，每每想起成都，李白也总少不了赞美之词。

李白曾在《上皇西巡南京歌十首·其二》中盛赞成都美景如画，是都城长安都无法相比的："九天开出一成都，万户千门入画图。草树云山如锦绣，秦川得及此间无。"

当友人要去蜀城（成都）时，李白作《送友人入蜀》一诗宽慰友人，称进入蜀地的道路虽然崎岖，但蜀城山峰峻峭、云气升腾，花树繁茂、绿水环绕，风景别有洞天："山从人面起，云傍马头生。芳树笼秦栈，春流绕蜀城。"

诗歌欣赏

登锦城散花楼

李白

日照锦城头，朝光散花楼。

金窗夹绣户，珠箔悬银钩。

飞梯绿云中，极目散我忧。

暮雨向三峡，春江绕双流。

今来一登望，如上九天游。

赏 析

锦城是锦官城的简称，是古人对成都的别称，这首诗是李白青年时期游成都时写的。

成都散花楼为隋朝蜀王杨秀所建，李白游至此处，登楼望远，观景抒情，表达了自己的喜悦之情。

在本诗中，李白不吝华丽之词来描写所见到的景物，诗的首四句写锦城阳光明媚，散花楼光彩照人，楼上门窗金碧辉煌，用珍珠装饰的帘上挂着玉钩，极其精美。

"飞梯绿云中，极目散我忧"二句初写登楼感受，散花楼高耸入云，极目远眺，视野开阔，让人心旷神怡而忘记忧愁。再二句写远处风景，日暮时分天空下起细雨，细雨朦胧，一直飘洒向三峡，春日的长江水环绕着双流城流向远方。"今来一登望，如上九天游"再写登楼感受，写散花楼之高能入九霄，楼外美景令人赞叹，如此登楼观景一次仿佛在九天游览了一番。

整首诗中，李白多用华美之词赞誉高楼、美景，眼见楼与景之壮美，正如李白的心之壮美，体现出了李白自由、豁达的个人气概，也可见青年时期李白已有意境飘逸、用词华美的诗风。

结缘苏公，备受青睐

李白游历成都期间，曾作赋干谒当时著名的文学家、官员苏颋。虽然李白最终未能得到苏颋的荐举，但其诗文得到了苏颋的赏识，苏颋多次宴请李白，大大提升了李白的知名度。

苏颋罢相入益州

苏颋是唐朝著名的文人，也是朝廷重臣，其学识过人，年少成名，在朝廷累任要职，曾官及宰相。

后来，苏颋曾与同僚兼好友宋璟一起治理民间私铸铜钱的现象，以稳定货币市场。不料手下人操之过急，强行要求百姓每家每户交纳私钱，引起民愤，苏颋与宋璟均被贬。

唐玄宗开元八年（720 年），苏颋被罢为礼部尚书，后任益州（今成都市）大都督府长史，进入蜀地后，苏颋练兵、制盐、冶铁，带领百姓致富并充实粮库。

苏颋在成都任职期间，将地方事务治理得井井有条，在闲暇之余也常写文作诗，写景咏怀。

李白干谒得赏识

李白游历成都时，正是苏颋在成都任职期间，李白谒见苏颋，希望得到苏颋的赏识和引荐。

古代文人干谒官员、名士，往往要通过写诗作赋表现自己的才华，李白为谒见苏颋也特意准备了诗文。

相传，李白在打听到苏颋的行程后，便在大街上拦停了苏颋的轿子，当街献上自己的诗文。二十岁的李白初出茅庐，果敢勇猛，如此行事倒也符合他的个性。

苏颋在读了李白的作品之后，认为李白年轻有为、才情斐然。李白在《上安州裴长史书》中曾提到苏颋对自己的评价："此子天才英丽，下笔不休，虽风力未成，且见专车之骨。若广之以学，可以相如比肩也。"苏颋认为李白才情显著，如果能继续努力、"广之以学"，可以比肩司马相如，显然，李白也很认可苏颋对自己的评价。

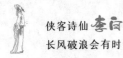

可惜的是，苏颋虽然非常赏识李白的诗文，时常夸赞李白，但他对李白的赏识也仅限于赞其才情、邀其赴宴，并没有向朝廷荐举李白。

谒见李邕，尽展少年锐气

李白在苏颋处并没有获得入仕为官的机会，不久后便离开了成都。他一边游山玩水，一边继续寻找干谒入仕的机会。

唐玄宗开元十四年（726 年），李白游至渝州（今重庆）干谒了刺史李邕。

李邕是唐朝著名的书法家、文学家，其博学多才，是当时唐朝文坛的领袖人物之一，因此经常有文人慕名拜访李邕，其中不乏沽名钓誉之人，李邕经常要接待各类登门拜访的文人，难免心生疲倦、待客不周。

因此，当李白拿着诗文登门拜访时，并没有引起李邕的格外关注，一身傲骨的李白认为自己受到了怠慢，于是愤懑地写下一首《上李邕》直接"回怼"李邕，一方面表明自己志存高远、世人难以理解，另一方面则毫不客气地指责李邕轻视人才，尽显少年锐气。

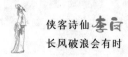

　　或许是李白的诗触动了李邕，后来，李邕曾赠李白三千文以解李白资金周转之苦，二人不计前嫌，成为好友。

　　不过，李白初遇李邕，遭受冷遇，深知干谒求官之路艰难，加上离家已有一段时日，遂决定回到故乡江油。

诗歌欣赏

上李邕

李白

大鹏一日同风起，扶摇直上九万里。

假令风歇时下来，犹能簸却沧溟水。

世人见我恒殊调，闻余大言皆冷笑。

宣父犹能畏后生，丈夫未可轻年少。

赏 析

　　要说哪一首诗最能表达李白的凌云壮志，非这首《上李邕》莫属。唐玄宗开元十四年（726 年），一腔豪情的李白谒见时任渝州刺史李邕。李白喜欢高谈阔论，李邕言辞矜持保守，二人言谈间产生隔阂，李白认为自己遭到了怠慢，于是在辞别李邕时挥笔写下了这首《上李邕》以抒怀。

　　诗的开篇四句"大鹏一日同风起，扶摇直上九万里。假令风歇时下来，犹能簸却沧溟水"引《庄子·逍遥游》中的大鹏入诗，立意高远，是对自我才情的认可。李白以神鸟大鹏自比，以大鹏御风直上九万里之高和可将沧海之水簸干的本领来自比心中的豪情壮志，表现了李白的高度自信和浪漫主义情怀。

　　诗的后四句"世人见我恒殊调，闻余大

言皆冷笑。宣父犹能畏后生，丈夫未可轻年少"是李白就李邕对自己的态度有感而发，也是对李邕的语言回击。李白认为，世人不懂自己，自己的言论经常被世人冷笑以对，孔圣人尚且说过后生可畏，没想到作为刺史的李邕也如凡夫俗子一般轻视年轻人，以此讽刺李邕不识人才、怠慢人才，算不得男子汉大丈夫。

李白向来直爽，凡事直言不讳，刺史李邕在当时位高权重，在文坛素有美名，但李白敢点名反驳，可见李白笑傲权贵的本色在青年时期就已经显露无遗。

峨眉山中，别有缘法

李白初游成都后，渐渐有了漫游之心，后决定出蜀壮游天下。在正式出蜀之前，李白再登峨眉山，与家乡壮丽美景告别，却未想到此次峨眉山之行竟是一次获宝之旅。

峨眉天下秀，蜀国多仙山

作为蜀中风景秀丽的名山，峨眉山自古就有"峨眉天下秀"的美名，美名美景，吸引好游名山的李白再次登峨眉山。

李白十分喜欢峨眉山的俊秀风光，作《登峨眉山》一诗称赞峨眉的旖旎风光，并借景抒怀：

蜀国多仙山，峨眉邈难匹。

周流试登览，绝怪安可悉？

青冥倚天开，彩错疑画出。

泠然紫霞赏，果得锦囊术。

云间吟琼箫，石上弄宝瑟。

平生有微尚，欢笑自此毕。

烟容如在颜，尘累忽相失。

倘逢骑羊子，携手凌白日。

在李白的眼中，提起蜀中仙山，就一定要说一说峨眉山。峨眉山的山峰青翠，直接天际，山中景色多彩如画，山顶云霞犹如仙境，在云间"吟琼箫"、在石上"弄宝瑟"，修道学仙、远离尘世，实在是十分美好的事情，因此李白登峨眉山，心里便有了与"骑羊子"（指仙人）携手同游的愿望。

李白有求仕之心，希望能平步青云，同时也受当时唐朝求仙问道之风的影响，对道教颇感兴趣，渴望修道成仙。因此，李白在出蜀求仕途前登峨眉山，既是他洒脱不羁性格的一贯表现，也透露了其既想求仕又想求道的矛盾心理。

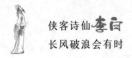

遇怀一大师，获陈子昂遗著

　　李白登峨眉山，在山中遇到了僧人广浚。广浚精通音律，琴技高超，李白十分佩服，而广浚也十分欣赏李白的才情，广浚抚琴，李白以诗相酬。李白曾在日后回忆时，称广浚的琴声如高山流水、松涛阵阵、秋日钟鸣：

> 蜀僧抱绿绮，西下峨眉峰。
>
> 为我一挥手，如听万壑松。
>
> 客心洗流水，余响入霜钟。
>
> 不觉碧山暮，秋云暗几重。

——《听蜀僧浚弹琴》

　　李白在与广浚结交的过程中，言谈举止引起了一位隐世高僧的关注，这位高僧便是怀一大师。

　　怀一大师是广浚的师父，其本名为史怀一，与初唐著名文学家、诗人陈子昂是刎颈之交。李白在《赠僧行融》一诗中也曾提到怀一大师和陈子昂的关系并称赞二人道德高尚："峨眉史怀一，独映陈公出。卓绝二道人，结交凤与麟。"陈子昂去世后，怀一大师怀才不遇、落发为僧，隐居峨眉。

　　怀一大师通佛理、擅诗文，在观察了李白一段时间后，认为李白是个有才情、有傲骨、有志气的年轻人，是难得的青年英才，故而十分看重李白。而李白一直视陈子昂为偶像，对偶像的挚友怀一大师也倍感亲近。

早年李白就曾在诗文创作上模仿陈子昂，李白的五十篇《古风》大都是模仿陈子昂的诗而作。陈子昂去世后，李白一直都有意收集陈子昂的遗著，此次在峨眉山遇到陈子昂生前好友怀一法师也算是奇缘，因为怀一法师手中就有陈子昂的遗著。

在李白离开峨眉山之前，怀一法师将珍藏的陈子昂遗著《陈拾遗集》赠予李白，嘱咐李白传承陈子昂的诗文遗风。

李白与怀一法师结缘，意外获宝，被传为一段佳话。

唐玄宗开元十二年（724 年）的秋天，李白告别友人，离开峨眉山，泛舟而下，壮游人间。

以梦为马，仗剑天涯

游历蜀中让李白增长了不少见闻，唐玄宗开元十二年（724 年），二十四岁的李白辞亲远游，正式出蜀，他一路游山玩水，广结名士，写诗作赋，仗剑天涯。

大丈夫必有四方之志

李白放荡不羁的性格决定了其必然不会被困于蜀地，定然要访名山大川，赏壮阔美景，要到繁华之地去闯出一片天地。

李白在日后所写的《上安州裴长史书》中提道："以为士生则桑弧蓬矢，射乎四方，故知大丈夫必有四方之志。乃仗剑去国，辞亲远游。"在文中，李白表明了想成为一个有志男儿，持良弓射天地四方、以文才辅佐帝王的志向，说明了青年时期自己离别家乡、辞别亲人、仗剑远游的原因。

仗剑去国，漫游天下

李白心怀壮志，毅然出蜀远游，以成都为起点，以长江为中心线，出三峡，顺流而下，一路向东漫游，"浮洞庭，历襄汉，上庐山，东至金陵、扬州，复折回湖北……"此后，李白又先后游洛阳、太原等城及齐鲁、安徽、浙江等地。

李白一路走走停停，欣赏沿途风光，并将所见所闻都化作诗篇，这成为李白漫游各地的见证，也让后人得以从李白的诗文中领略大唐时期祖国的壮丽山河与人文风光。

第一次漫游天下对李白的人生影响重大，李白生性无拘无束，不愿被权贵束缚，漫游成为李白的一种重要生活方式，也是李白最为舒服的生存状态。此后，除了在长安为官三年，李白一生几乎都在漫游的路上，追寻属于他的诗和远方。

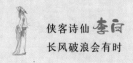
诗歌欣赏

别匡山

李白

晓峰如画碧参差，藤影风摇拂槛垂。

野径来多将犬伴，人间归晚带樵随。

看云客倚啼猿树，洗钵僧临失鹤池。

莫怪无心恋清境，已将书剑许明时。

赏　析

　　此诗创作于唐玄宗开元十二年（724年）。李白曾在戴天大匡山隐居读书，这里是他积累学识的地方，也是他的豪情壮志萌生的地方。

　　诗的前六句写匡山美景，清晨的匡山青山如黛，远看如画，树木葱茏，舞动的藤影在栏杆上跳动，实在富有生趣；山野间的小路上行人在闲适地遛狗，砍柴的樵夫身披夕阳的余晖下山去；李白倚靠着古树，聆听树上的猿啼，看着寺里的僧人在饭后到池边清洗钵盂。无论是风光秀丽的自然山水，还是祥和闲适的农家生活，或是自在从容的僧人日常，倚树的李白都无心欣赏，此刻的他正心生惆怅。

　　诗的结尾二句点明李白惆怅的缘由，李白并非不想欣赏眼前秀美的山寺美景，而是实在想将一身文韬武略都奉献给政治清明的时代，去成就一番伟业。

此诗一改李白一贯的磅礴大气之诗风，是其少见的一首风格清丽的抒情诗。李白在诗中用大量篇幅写匡山美景，却在结尾处笔锋一转，表现了当下将结束隐居读书生活，想要壮游天下、实现心中壮志的心境。

轻舟东下，来从楚国游

在李白出蜀漫游天下的旅程中，渡荆门的"楚国游"是其非常重要的一站，素有"荆楚门户"之称的荆门仿佛也是李白人生中的重要门户，门里是前半生，门外是后半生。从这里离开后，李白再也没有回到过蜀地。

李白离开蜀地，于开元十三年（725 年）春到达江陵，这里是春秋战国时期的楚国之地，迎接他的是全新的山川地貌和风土人情。

开元十三年的春夏之交，李白乘船经过天门山，见天门山夹江高耸对峙，楚江波涛汹涌，奔流向东的长江水在此回转向北，有感而发，写下一首《望天门山》：

天门中断楚江开，碧水东流至此回。

两岸青山相对出，孤帆一片日边来。

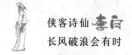
此后，李白登临庐山游玩，见到雄奇壮美的庐山瀑布，写下后人耳熟能详的《望庐山瀑布》：

日照香炉生紫烟，遥看瀑布挂前川。

飞流直下三千尺，疑是银河落九天。

李白在楚地看到了极具地域特点的风景，也结识了一位令他真心相待的好友。

李白游庐山时，结识了同样来自蜀中的吴指南，两位老乡在他乡相遇，很快成为好友，此后结伴同游楚地。后来吴指南死在洞庭湖畔，李白守着好友的尸体恸哭不已，伤心欲绝，即使遇到猛虎前来也不肯离开，后来还将好友的尸骨迁到离故乡比较近的鄂城安葬，以尽朋友之义。李白日后回忆起此事时，称"指南死于洞庭之上，白禫服恸哭，若丧天伦。炎月伏尸，泣尽而继之以血。行路间者，悉皆伤心。猛虎前临，坚守不动。遂权殡于湖侧，便之金陵。数年来观，筋骨尚在。白雪泣持刃，躬申洗削。裹骨徒步，负之而趋。寝兴携持，无辍身手。遂丐贷营葬于鄂城之东。故乡路遥，魂魄无主，礼以迁窆，式昭明情。此则是白存交重义也。"（《上安州裴长史书》）

畅游楚地，李白饱览楚江楚山自然美景，李白第一次漫游后在楚地安陆定居，或许正与他喜欢楚地山水美景有很大的关系。

诗歌欣赏

渡荆门送别

李白

渡远荆门外，来从楚国游。

山随平野尽，江入大荒流。

月下飞天镜，云生结海楼。

仍怜故乡水，万里送行舟。

赏　析

本诗大约创作于唐玄宗开元十三年（725年），是李白离开蜀地去战国时期的楚国（今湖北、湖南、重庆等地）境内漫游时所作。

诗的首二句交代了出发的目的地，即荆门外的战国时期的楚国境内；次四句描写了一路上山水风景的变换，山从高峰变为平坦的旷野，水从激流变为宽广的江面，水中的月影如天上飞来的明镜，空中的彩云如海市蜃楼，天地壮阔，景色绚丽，令人心旷神怡。

结尾二句由写景转到写情，李白在这里写思乡，并不写自己思念家乡，而是写家乡的长江水对自己的依依不舍，家乡的水不远万里，一路护送着自己所乘坐的小船东下，描写角度新奇，令人称赞。

整首诗描写了一幅宏伟壮阔的出游画卷，随着李白的行程，这幅画卷慢慢展开在李白和读者的面前，诗中描写的景色绚丽，刻画的意境高远，全诗融瑰丽景色、豪迈风格、思乡浓情于一体，是李白青年时期的代表作之一。

得见司马承祯，大鹏遇希有鸟

李白仗剑天涯，潇洒漫游，途中曾遇到一位老者相约一起学道成仙，这位老者便是司马承祯。

司马承祯精通诗书，曾为唐代帝王之师，后隐居于天台山，创立道教上清天台派，他书画俱佳，精于论道，擅长制铜镜和宝剑，是一位多才多艺的得道高人，与陈子昂、李白、孟浩然等人并称为"仙宗十友"。

李白在遇到司马承祯时，是一个初出茅庐、没有任何社会背景和地位的年轻人，而司马承祯是一位曾当过皇帝老师、在天台山隐居的仙骨道人，年岁八十有余。

巨大的地位、年龄差距并没有造成李白与司马承祯之间的隔阂，二人十分投缘，成为忘年之交。

李白才情出众，豪放不羁，深受司马承祯的喜爱，在听了司马承祯夸赞自己"有仙风道骨，可与神游八极之表"的话语和结伴修仙的邀请后，李白也并不谦虚和推辞，豪情万丈地写下一首《大鹏赋》（也称《大鹏遇希有鸟赋》）。在这篇文章中，李白把自己比作扶摇直上的大鹏，把司马承祯比喻成昆仑山上的希有鸟，二鸟相遇，畅游天地之间，好不自在：

　　余昔于江陵，见天台司马子微，谓余有仙风道骨，可与神游八极之表。因著大鹏遇希有鸟赋以自广。此赋已传于世，往往人间见之。悔其少作，未穷宏达之旨，中年弃之。及读晋书，睹阮宣子大鹏赞，鄙心陋之。遂更记忆，多将旧本不同。今复存手集，岂敢传诸作者？庶可示之子弟而已。其辞曰：

　　南华老仙，发天机于漆园。吐峥嵘之高论，开浩荡之奇言。徵至怪于齐谐，谈北溟之有鱼。吾不知其几千里，其名曰鲲。化成大鹏，质凝胚浑。脱鬐鬣于海岛，张羽毛于天门。刷渤澥之春流，晞扶桑之朝暾。燀赫乎宇宙，凭陵乎昆仑。一鼓一舞，烟朦沙昏。五岳为之震荡，百川为之崩奔。

　　尔乃蹶厚地，揭太清。亘层霄，突重溟。激三千以崛起，向九万而迅征。背嶪太山之崔嵬，翼举长云之纵横。左回右旋，倏阴忽明。历汗漫以天矫，羾阊阖之峥嵘。簸鸿蒙，扇雷霆。斗转而天动，山摇而海倾。怒无所搏，雄无所争。固可想象其势，仿佛其形。

　　…………

　　俄而希有鸟见谓之曰：伟哉鹏乎，此之乐也。吾右翼掩乎西极，左翼蔽乎东荒。跨蹑地络，周旋天纲。以恍惚为巢，以虚无为场。我呼尔游，尔同我翔。于是乎大鹏许之，欣然相随。此二禽已登于寥廓，而斥鷃之辈，空见笑于藩篱。

　　李白将自己比作庄子笔下的大鹏鸟，其体形和气势之壮阔都是李白所羡慕的，李白渴望无拘无束地畅游在天地之间，能一飞冲天、直上九霄。可是在现实生活中，李白却是处处干谒受挫，十分不得志，如今能遇到赏识自己的司马承祯，李白自然心中欣喜，他的自信，以及对自由和伟大志向的向往倾泻而出，成就了这篇豪情冲天的《大鹏赋》。

　　能遇到司马承祯并获赏识，李白的旷世逸才得到了帝王之师、道教宗师的肯定，李白怎能不喜、不狂呢？

　　实际上，得到司马承祯的赏识也确实对李白日后高调进入朝堂有所帮助，数年后，李白应召进宫面圣，唐玄宗"降辇步迎，如见绮、皓。以七宝床赐食，御手调羹以饭之"。（《草堂集序》）泱泱大唐，文人荟萃，但没有一个人能像李白一样，有让皇帝徒步相迎、赐床调羹的特殊待遇。

　　对于司马承祯这位伯乐与恩师，李白也心存感恩，司马承祯去世后，李白曾多次到司马承祯的修道之地感怀。

　　李白志存高远，奈何官场的大门久叩不开，李白这一只大鹏鸟还需要继续等待展翅高飞的机会。

畅游金陵，世号李东山

大唐的金陵（今江苏南京）是繁华之地，风流倜傥的李白来到金陵，肆意畅游，好不痛快。

畅游金陵，广结好友

金陵作为六朝古都，地形地势优越，风景壮阔，李白在《金陵三首·其一》中描写金陵城概况，称金陵为"帝王宅"，有虎踞龙盘之势：

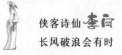

晋家南渡日，此地旧长安。

地即帝王宅，山为龙虎盘。

金陵空壮观，天堑净波澜。

醉客回桡去，吴歌且自欢。

在李白的眼中，金陵不仅仅是一个政治文化古城，还是一个经济繁茂、游人如织、娱乐休闲的好地方。

李白游金陵古寺，登瓦官阁，眺望整个金陵城，心情畅快激动，写下一首《登瓦官阁》，盛赞瓦官阁高大雄壮、高耸入云、廊檐飞翘、角铃轻吟的美景：

晨登瓦官阁，极眺金陵城。

钟山对北户，淮水入南荣。

漫漫雨花落，嘈嘈天乐鸣。

两廊振法鼓，四角吟风筝。

杳出霄汉上，仰攀日月行。

山空霸气灭，地古寒阴生。

寥廓云海晚，苍茫宫观平。

门余阊阖字，楼识凤凰名。

雷作百山动，神扶万栱倾。

灵光何足贵？长此镇吴京。

李白走到秦淮河畔的长干，面对美景心旷神怡，写下爱情叙事诗

《长干行二首》，描写了秦淮河畔的商贾妇人与爱人青梅竹马、两小无猜的爱情故事：

> 妾发初覆额，折花门前剧。
>
> 郎骑竹马来，绕床弄青梅。
>
> 同居长干里，两小无嫌猜。
>
> 十四为君妇，羞颜未尝开。
>
> 低头向暗壁，千唤不一回。
>
> 十五始展眉，愿同尘与灰。
>
> 常存抱柱信，岂上望夫台。
>
> 十六君远行，瞿塘滟滪堆。
>
> 五月不可触，猿声天上哀。
>
> 门前迟行迹，一一生绿苔。
>
> 苔深不能扫，落叶秋风早。
>
> 八月蝴蝶黄，双飞西园草。
>
> 感此伤妾心，坐愁红颜老。
>
> 早晚下三巴，预将书报家。
>
> 相迎不道远，直至长风沙。
>
> ——《长干行二首·其一》

李白初游金陵后，对金陵念念不忘，此后数年，李白几乎一有时间就会来金陵游历一番，白鹭洲、凤凰台等诸多地方，都曾留下过李白的足迹和诗篇。

李白在金陵送别友人，写石头山（今南京市清凉山）和钟山（今南京市紫金山）的钟灵毓秀与树木葱茏："石头巉岩如虎踞，凌波欲过沧江去。钟山龙盘走势来，秀色横分历阳树。"（《金陵歌送别范宣》）在白下亭送别友人，写烟雾蒙蒙，江水滔滔："驿亭三杨树，正当白下门。吴烟暝长条，汉水啮古根。向来送行处，回首阻笑言。别后若见之，为余一攀翻。"（《金陵白下亭留别》）

李白还曾在玄武湖上参加好友举办的春日官宴，听歌赏舞，纵情欢娱："昔闻颜光禄，攀龙宴京湖。楼船入天镜，帐殿开云衢……英僚满四座，粲若琼林敷。鹢首弄倒景，峨眉缀明珠。新弦采梨园，古舞娇吴歈。曲度绕云汉，听者皆欢娱。"（《春日陪杨江宁及诸官宴北湖感古作》）

李白登梅岗远眺金陵城，看群山怀抱古城，江水流向天际："钟山抱金陵，霸气昔腾发。天开帝王居，海色照宫阙。群峰如逐鹿，奔走相驰突。江水九道来，云端遥明没。"（《登梅冈望金陵赠族侄高座寺僧中孚》）

李白畅游金陵，不仅游名胜，也结交了许多文人。李白在金陵的好友们也一如李白重情重义、行为潇洒，他们经常一起谈诗论道、举杯畅饮。

金陵见证了李白与好友的友情，李白在酒肆与金陵好友告别，写彼此情谊比千里流淌的长江水还要长："风吹柳花满店香，吴姬压酒唤客尝。金陵子弟来相送，欲行不行各尽觞。请君试问东流水，别意与之谁短长？"（《金陵酒肆留别》）

当李白终于踏上离开金陵、前往广陵（今江苏扬州）的旅程时，好友们宴饮践行，相送数里仍不舍别离，大家索性将马拴在路边，一行人又坐在大道旁，一边畅饮美酒，一边欣赏美景，为此，李白特作《广陵赠别》一诗：

> 玉瓶沽美酒，数里送君还。
>
> 系马垂杨下，衔杯大道间。
>
> 天边看渌水，海上见青山。
>
> 兴罢各分袂，何须醉别颜。

追慕谢安，号称东山

东晋时期著名的政治家谢安早期曾在金陵东山悠游隐居，常携妓出游，被称为"江左风流宰相"。李白崇拜东晋名士谢安，羡慕谢安自由自在的隐居游乐生活，也羡慕谢安出东山、运筹天下的丰伟政绩。谢安曾隐居东山，于是，李白便自号东山李白，别号"李东山"由此而来。

李白想成为谢安这样隐则自由畅快、出则辅政治国的名士，在诗词中曾多次提到谢安。

李白羡慕谢安隐世与出世的潇洒，在诗中提到谢安原本在东山无心匡济天下，出山后平天下大乱并功成身退独自潇洒去了，是大贤之人、高雅之士，是自己的知音："安石在东山，无心济天下。一起振

横流，功成复潇洒。大贤有卷舒，季叶轻风雅。匡复属何人，君为知音者。"（《赠常侍御》）

李白渴望有谢安那样的成就："蜀主思孔明，晋家望安石。"（《赠友人三首·其三》）不得志时，想学谢安隐居乐游："小隐慕安石，远游学屈平。"（《秋夜独坐怀故山》）

李白羡慕谢安的豪情与风度，写谢安泛海，乘风破浪、闲适脱俗："安石泛溟渤，独啸长风还。逸韵动海上，高情出人间。灵异可并迹，澹然与世闲。"（《与南陵常赞府游五松山》）

李白希望天下太平，希望自己所生活的时代能有谢安这样的治国人才："三川北虏乱如麻，四海南奔似永嘉。但用东山谢安石，为君谈笑净胡沙。"（《永王东巡歌·其二》）

李白畅游金陵，虽不能复刻谢安的人生轨迹，实现自己的仕途宏愿，倒是可以效仿谢安自由潇洒、饮酒作乐的生活方式。

李白追慕谢安的过程中，有件事情值得一提，那便是携舞妓探访谢安墓，对墓畅聊，饮酒献舞。关于此事，唐代魏颢在为《李翰林集》写的序文《李翰林集序》中记载："间携昭阳、金陵之妓，迹类谢康乐，世号为李东山。骏马美妾，所适二千石郊迎，饮数斗，醉则奴丹砂抚青海波。"

可惜李白的时代距离谢安的时代已经过了三百多年，李白不能与谢安把酒言欢、畅谈心事，便作诗《东山吟》，感慨眼前物是人非，此一时彼一时，并认为自己也一定能如谢安一样在历史洪流中留下自己的风光：

携妓东土山，怅然悲谢安。

我妓今朝如花月，他妓古坟荒草寒。

白鸡梦后三百岁，洒酒浇君同所欢。

酣来自作青海舞，秋风吹落紫绮冠。

彼亦一时，此亦一时，浩浩洪流之咏何必奇？

金陵见证了李白的潇洒，见证了李白的友情，见证了李白的放荡不羁，亦见证了李白的得意与失意。

李白对金陵有着特殊的情感，他先后多次漫游金陵，无论是开心畅游，还是怀古伤今，都会来此。李白将向往自由、追慕贤人、追求理想的心情都留在了金陵的畅游生活中，也留在了他前前后后为金陵写下的百余首诗文中。

卧病扬州，长剑挂空壁

李白离金陵，下扬州，漫游苏杭，又复至扬州，在扬州大病一场，潇洒的李白在生病时也难免落寞失意。

开元十四年（726年）的秋天，李白来到扬州，在扬州，他"不逾一年，散金三十余万，有落魄公子，悉皆济之"（《上安州裴长史书》）。友善又洒脱的李白虽然结交了很多朋友，但夜深人静时，朋友散去，他独自一人寄居旅舍，不由感到十分孤独，思乡之情愈加炽热。

异常思念家乡的李白，望着天上明月，写下一首纸短情长的五言绝句《静夜思》：

床前明月光，疑是地上霜。

举头望明月，低头思故乡。

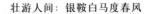

　　大多数学者认为，关于李白的生病与思乡，与李白"东涉溟海""散金三十万"密不可分。此时的李白，身体状况不佳，又没有实现入仕的愿望，经济状况也不乐观，故而思乡情浓。

　　离家时日已久，李白几次干谒失败，才情虽得到如苏颋、司马承祯等名士的赏识，也结识了不少文人墨客，但终究游走在仕途之外，难免郁郁不得志。

　　离开扬州后，李白畅游苏杭一带，后又乘舟复至扬州，或许是长时间路途劳累，或许是水土不服，李白不幸病倒。

　　身心俱疲、卧病在床的李白回想起刚刚出蜀时仗剑天涯、一路顺长江而下的情景，和当时的意气风发相比，如今的境况实在有些不堪。百感交集的李白不禁想与故乡的故人一诉衷肠，写下一首《淮南卧病书怀，寄蜀中赵征君蕤》，遥寄愁苦。

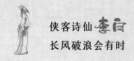

诗歌欣赏

淮南卧病书怀，寄蜀中赵征君蕤

李白

吴会一浮云，飘如远行客。

功业莫从就，岁光屡奔迫。

良图俄弃捐，衰疾乃绵剧。

古琴藏虚匣，长剑挂空壁。

楚冠怀钟仪，越吟比庄舄。

国门遥天外，乡路远山隔。

朝忆相如台，夜梦子云宅。

旅情初结缉，秋气方寂历。

风入松下清，露出草间白。

故人不可见，幽梦谁与适。

寄书西飞鸿，赠尔慰离析。

赏 析

　　本诗是李白游至扬州后，在生病期间写给友人赵蕤之作，古代经朝廷征聘的士人称征士，君为敬称，故称赵征君蕤。

　　诗的前八句写壮志难酬。首二句中，病中的李白将自己比作一朵远离家乡的浮云，漂泊无依；次四句中，李白认为自己尚未建功立业，就久病缠身、有衰老之态，字里行间都是不得志和患病的失落；"古琴藏虚匣，长剑挂空壁"二句意指匣中古琴、墙上长剑搁置已久，此时的李白在仕途上受挫，加上患病，意志消沉，自然无心抚琴练剑。

　　诗的后十四句写思乡怀友。李白通过用典之句"楚冠怀钟仪，越吟比庄舄"，借助楚人思念楚音写自己思念家乡，如今与故乡隔着崇山峻岭，更加思念故乡的人和物（相如台、子云宅）。时值寒秋，看到万物凋零

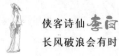

的景象，思乡的情更浓了。此时的李白难以
见到故人，也不知道梦中能见到谁，只能托
西飞的鸿雁寄书信给友人，将思念友人的情
谊带给友人。"故人不可见，幽梦谁与适。
寄书西飞鸿，赠尔慰离析"是安慰友人之
句，也是在安慰自己。

整首诗直抒胸臆，语言流畅、情感真
挚，让人读后有较强的代入感，能深刻感受
到李白的无助与失落，足见李白对字句和情
感的把控力。

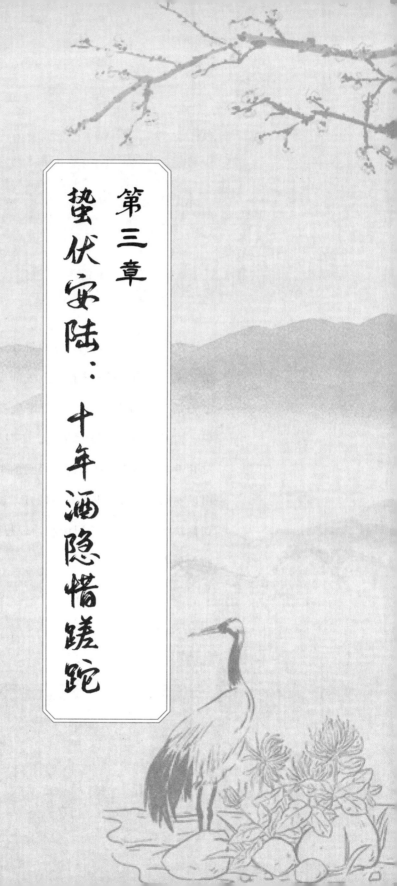

第三章

蛰伏安陆：十年酒隐惜蹉跎

在扬州短暂停留后，李白继续漫游，先至汝州，后至安陆，在安陆成家泊居，在桃花岩过了一段举案齐眉、对酌山花开的隐居生活。不过，家并没有成为李白的羁绊，婚后的李白以安陆为中心，继续游历四方，直到他决定重拾入仕治国的政治理想，西入长安。

吾爱孟夫子，风流天下闻

  李白在漫游天下的旅程中结交了许多好友，孟浩然便是其中之一。李白年少出蜀时，孟浩然已经是名扬天下的大诗人了，二人一见如故，举杯共饮，结伴出游，诗文相和，成就了一段文人知己佳话。

  唐玄宗开元十五年（727年），李白从扬州返回故乡途中，行至安陆（今湖北安陆）泊居，他听说孟浩然在离安陆不远的襄阳（今湖北襄阳）城南的鹿门山中隐居，于是欣然前往拜访。

  在峭壁苍翠的鹿门山中，李白接受了孟浩然的热情相邀，在山中暂居数日，其间二人游览山野美景，对酒畅谈理想，交流诗文心得，闲适快活。

  孟浩然年长李白十二岁，诗文俱佳，性情豁达，很早就名声在外，却能有隐世于山林间的心性，这是李白所羡慕的。孟浩然淡然平和的思想给了李白许多启发，因此李白视孟浩然为友，也视孟浩然为师。

李白与孟浩然一起畅游山水，与孟浩然畅谈理想，多次写诗赠与孟浩然。

为纪念同游的情谊，李白写了《游溧阳北湖亭望瓦屋山怀古赠孟浩然》一诗，在诗中提到豪杰实现理想的艰难，希望能和孟浩然一起做个闲人，去万里翱翔："壮夫或未达，十步九太行。与君拂衣去，万里同翱翔。"

当李白生病，挚友孟浩然来探望时，李白向孟浩然倾诉衷肠，谈起既想隐居出世又想入世求仕的不知所从，诉说既想得到显贵赏识推荐又不愿依附权贵的矛盾心理，写下《淮南对雪赠孟浩然》一诗，在诗中表达怀才不遇的惆怅："兴从剡溪起，思绕梁园发。寄君郢中歌，曲罢心断绝。"

李白听说孟浩然打算去广陵（今江苏扬州），便约孟浩然在江夏（今湖北武汉）小聚，二人在黄鹤楼分别时，李白以一首《黄鹤楼送孟浩然之广陵》为挚友饯行：

故人西辞黄鹤楼，烟花三月下扬州。

孤帆远影碧空尽，唯见长江天际流。

李白总是毫无保留地将自己的心事告诉孟浩然，也毫不掩饰地表达自己对孟浩然的仰慕："吾爱孟夫子，风流天下闻""高山安可仰，徒此揖清芬"。

李白与孟浩然均有惊世才情，都曾游历四方，有着相同的豁达心性和超世之心，二人也都始终未能真正入仕实现自己的政治理想，或许正是相似的经历和理想，才促成了他们成为挚友，并为后人留下许多见证了二人友谊的绝美诗篇。

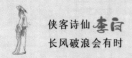

诗歌欣赏

赠孟浩然

李白

吾爱孟夫子，风流天下闻。

红颜弃轩冕，白首卧松云。

醉月频中圣，迷花不事君。

高山安可仰，徒此揖清芬。

赏 析

  这首诗作于李白北上东鲁定居之前，李白与孟浩然在襄阳相会，作诗相赠，诗中盛赞挚友孟浩然的崇高品格。

  首二句李白开门见山、直抒胸臆，表达了自己对孟浩然的敬重与仰慕之情，指出孟浩然生性潇洒、风流倜傥、名扬天下。

  颔联二句进一步阐述了孟浩然豁达潇洒心性的具体表现，写了孟浩然少年时期不爱功名利禄、冠冕车马，暮年时期归隐山林、淡然出世的人生经历。而且字句对仗、和谐鲜明，言简义丰，一个"卧"字更突出了孟浩然闲隐山林的潇洒与自在，一个志趣高雅、亲近自然的深林隐士跃然纸上。

  颈联二句李白再次表达了对孟浩然的敬爱，称赞孟浩然月夜畅饮、不事君王的超然与豁达，这也正是李白羡慕孟浩然的地方，李白也希望能像孟浩然一样隐居，却又放不下心中入仕的理想。

尾联二句是对整首诗情感的升华，李白在此二句中十分自谦地表示孟浩然的高尚品格像高山一样，不是自己能随便仰望和企及的，只能恭敬地作揖以示敬重。高傲如李白，在孟浩然面前如此自谦，可见李白对孟浩然的仰慕之情之深。

整体来看，这首诗言简意赅、古朴雅致，行文和情感均自然流畅、倾泻而出，将李白对孟浩然的敬仰之情表现得淋漓尽致。

定居安陆，迎娶宰相孙女

　　李白东游归来至安陆，结交了不少名士，还在好友孟浩然的介绍下，迎娶前宰相许圉师的孙女许氏，在安陆有了一个家。

　　许圉师曾为唐高宗李治时期的良相，施政仁和，待人宽厚。唐玄宗时期，许家虽已风光不再，但在安陆一带仍是声名显赫的名门望族。许圉师的孙女（或名许紫烟）为名门闺秀，与富有才情的李白结合，郎才女貌，成就一段佳缘。

　　李白天生傲骨，竟入赘许家，细细想来，虽属意料之外，但在情理之中。从李白的角度来看，李白出身商贾世家，在当时的社会地位很低，甚至不能参加科举考试，只能通过干谒借权贵之力入仕，加上李白东游扬州散金归来，到达安陆时已经是穷困潦倒之人，需要解决吃住问题。对于许家来说，许家祖上为官，名声好，家境殷实，但人丁不旺，也需要寻一个有才情的上门女婿光耀门楣。这样看来，李白与许氏的结合也算天作之合。

李白与许氏婚后不久，在安陆西北的白兆山桃花岩定居，过着隐居的生活，夫妻二人琴瑟和鸣，育有一儿一女，生活十分幸福。

许氏是李白的第一任妻子，他们在一起生活了十年。后来许氏去世，李白离开了许家。

李白在许氏去世一年后结识了第二任妻子刘氏，不过李白因被刘氏嫌弃，很快便与刘氏分开。

李白自长安被赐金放还后去往山东泰山考取道箓，途中结识了第三任妻子，二人婚后育有一子，大约在婚后五年，李白的第三任妻子不幸去世。

李白的第四任妻子宗氏是前宰相宗楚客（武则天时期的宰相）的孙女，李白与宗氏情投意合，宗氏在仕途上对李白也多有帮助。

纵观李白的四段婚姻，李白的第一段婚姻生活是最祥和幸福的。李白与许氏闲居风光秀美的桃花岩，生活闲适，意气风发，妻子贤淑，儿女双全，可以说，李白在安陆度过了一段非常美好的婚姻生活。

诗歌欣赏

山中问答

李白

问余何意栖碧山，笑而不答心自闲。

桃花流水窅然去，别有天地非人间。

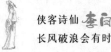
赏 析

　　这首诗创作于李白在安陆桃花岩隐居期间。

　　李白入赘许家，与许氏在桃花岩隐居，生活虽衣食不愁、和美悠闲，但对于才高志远的李白来说，真的打算余生隐居于此吗？显然不是。因此，当被问到为什么选择隐居时，李白笑而不答。选择隐居的缘由太多，或许李白自己也不清楚，也无法用简短的话语说明白，故而"笑而不答"。

　　李白暂避提问后，环望山林，只见桃花随溪水漂向远方，山间景色优美，在看不见的地方也许"别有天地"，绝非人间所能比的，这里所指的"天地"或许是李白心中向往的理想天地，表现了李白对自由、豁达天地的向往。

就整首诗来看，全诗语言质朴，并无华丽辞藻，却描述了一种超凡脱俗的心态，无论缘何隐居是否有确切答案，都挡不住李白的"心自闲"和对"别有天地"的未来人生境地的向往。乐观浪漫的情怀、出世与入仕的矛盾，都隐藏在了质朴的语言所描述的虚实对比和幽深蕴意中，没有答案，也不必给出答案。

醉酒街头，冲撞李长史

　　李白在安陆的生活十分悠闲，这样的日子怎么能少得了酒呢？或与朋友畅饮，或月下独酌，李白常常喝得大醉，因酒而欢，也因酒而忧。

　　一日，李白喝得畅快，觥筹交错间醉得不省人事。他带着醉意跌跌撞撞地走在大街上，恍惚间闯入一队车马队伍中，在队伍中士兵的呵斥下，李白酒醒了一半，再定睛一看，看到了安州长史李京之，他顿时明白自己冲撞了李长史的车驾，瞬间酒醒。

　　李白心中始终未放下入仕的执念，李京之是他原本打算干谒的官员，如此冲撞行为恐怕是将干谒之路堵死了。入仕的机会大抵是被自己的鲁莽行为断送了，李白为此感到不安，但又希望能争取一下，怀着复杂的心情写下干谒诗文《上安州李长史书》，在文中，李白极尽恭维之词，祈求得到李京之的宽恕：

白，嵚崎历落可笑人也。虽然，颇尝览千载，观百家，至于圣贤，相似厥众，则有若似于仲尼，纪信似于高祖，牟之似于无忌，宋玉似于屈原。而遥观君侯，窃疑魏洽，便欲趋就，临然举鞭，迟疑之间，未及回避。且理有疑误而成过，事有形似而类真，惟大雅含宏，方能恕之也。

李白先是在文中表示自己博览群书、对古代圣贤十分熟悉，且知道圣贤们大多相似，紧接着称赞李京之气度不凡，与古代圣贤极为相似，然后解释自己不小心冲撞了对方，希望对方宽恕自己。

同时，李白还详细解释了自己冲撞李京之的原因，称自己昨日遇到故人，一时开心不免多喝了几杯，头昏眼花，所以才犯了冲撞车驾这样低级的错误，真是如螳臂当车，实在不自量力，为此惶恐至极，以至精魄飞散：

昨遇故人，饮以狂药，一酌一笑，陶然乐酣。困河朔之清觞，饫中山之醇酎。属早日初眩，晨霾未收，乏离朱之明，昧王戎之视。青白其眼，瞢而前行，亦何异抗庄公之轮，怒螳螂之臂？御者趋召，明其是非，入门鞠躬，精魄飞散。

李白迫切希望能得到李京之的原谅，在文中不吝赞美之词，对其连番歌颂。他将李京之比作天上的秋月、人间的暖风，称李京之的品格才情是陆机、曹植这样才智杰出的人都不能比的，天下人才俊杰也都一致称颂李京之：

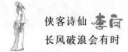
伏惟君侯，明夺秋月，和均韶风，扫尘辞场，振发文雅。陆机作太康之杰士，未可比肩；曹植为建安之雄才，惟堪捧驾。天下豪俊，翕然趋风，白之不敏，窃慕余论。

李白在写给李京之的《上安州李长史书》中一改之前的傲气，将自己放得非常低，言辞之间皆是描述自己的卑微和歌颂对方的高贵，这样卑微、言不由衷的李白与以往仗剑去国、傲视天下的李白完全不同，因此后人多批判李白不该有这样"摧眉折腰事权贵"的文章。

事实上，李白这篇妄自菲薄的文章，正是他在安陆闲适生活状态下的过度压抑之作，李白虽向往自由、乐游山水，但他绝不甘心余生都在安陆度过，他迫切希望也需要一个能让自己一飞冲天、入仕治国的机会。

以文干谒，上书裴长史

李白醉酒冲撞的李长史擅于处理人际关系，不久后就高升离开了安陆。李长史走后，都督府迎来了一位裴长史，李白又有了新的机会。

裴长史名裴宽，为人高义，在京城有重诺的美名，他珍贤重士，乐于举荐青年才俊，且常常在家中宴请有才之士，门前宾客络绎不绝。当时流传着这样一首歌谣称赞裴长史："宾朋何喧喧，日夜裴公门。愿得裴公之一言，不须驱马埒华轩。"

开元十七年（729 年）八月初五是唐玄宗的生日，大臣们便奏请将八月初五这天定为千秋节，举国上下摆宴连贺三日。

安陆的地方官员也为这件事忙活起来。裴长史在家中举办宴会，邀请城中青年才俊前来参加。李白自然不能放过这个机会，他穿戴整齐，精神抖擞地来参加宴会。

在宴会上，李白充分发挥自己的才华，不仅吟诗作赋，还表演了舞剑，能文能武的李白很快吸引了裴长史的注意。宴会后，李白还将自己的行卷奉上，希望能够得到裴长史的举荐。

这一次，李白认为自己表现极佳，一定能够得到裴长史的认可。可没想到还未等到裴长史举荐，李白又出了事。

一天，李白出城游玩，到宵禁时分还未到家，在街上被巡夜的兵士捉拿，待了解了情况后，知道李白并非作奸犯科之徒，便放他回家。

这本是一件小事，却被有心之人利用，故意造谣李白深夜在外不行正事，将李白说成是夜出不归、聚众赌博、花天酒地之人。

渐渐地，这些话也传到了裴长史耳中。裴长史本来十分欣赏李白，准备举荐李白，但听到有关李白的传言后也有所顾虑，他担心若李白真是作奸犯科之徒，那举荐李白岂不是给自己惹一身麻烦。

李白担心这些诽谤会影响自己的前途，便向裴长史上书一封，即《上安州裴长史书》，他在文中这样写道：

……白窃慕高义，已经十年。云山间之，造谒无路。今也运会，得趋末尘，承颜接辞，八九度矣。常欲一雪心迹，崎岖未便。何图谤詈忽生，众口攒毁，将欲投杼下客，震于严威。然自明无辜，何忧悔吝！孔子曰："畏天命，畏大人，畏圣人之言。"过此三者，鬼神不害。若使事得其实，罪当其身，则将浴兰沐芳，自屏于烹鲜之地，惟君侯死生。不然，投山窜海，转死沟壑。岂能明目张胆，托书自陈耶！昔王东海问犯夜者曰："何所从来？"答曰："从师受学，不觉日晚。"王曰："吾岂可鞭挞宁越以立威名？"想君侯通人，必不尔也。

愿君侯惠以大遇，洞开心颜，终乎前恩，再辱英盼。白必能使精诚动天，长虹贯日，直度易水，不以为寒。若赫然作威，加以大怒，不许门下，逐之长途，白既膝行于前，再拜而去，西入秦海，一观国风，永辞君侯，黄鹄举矣。何王公大人之门，不可以弹长剑乎？

虽然李白言辞恳切，但是人言可畏，裴长史思来想去，最终还是没有举荐李白。

以安陆为基地，游历四方

"何王公大人之门，不可以弹长剑乎？"既然在安陆没有人能够举荐自己，那倒不如走出去，一边游历，一边结识达官贵人，以求出路。就这样，李白开始以安陆为基地，游历四方。

初入长安

唐玄宗开元十八年（730 年），李白第一次来到长安。

长安是当时世界上最大、最富有的城市之一。李白走进长安城，看着城内整齐划一的街道、鳞次栉比的房屋，感到既新鲜又兴奋。长安城内热闹非凡，除了本地的居民和商户，还有很多从国外来的客商，长安东市、西市的商品更是琳琅满目。李白走在长安城宽阔的街道上，看着街上形形色色、打扮各异的行人，不禁感叹，长安是这样一个包容的城市，只要有一技之长就一定能在这里扎根立足。

一天，李白在街上闲逛，发现一群人手里拎着鸡笼，趾高气昂，横冲直撞，百姓们见到都纷纷闪躲。李白向身边人一打听，才知道为首的正是皇上身边的红人，名唤贾昌。

贾昌生于长安，相传能听懂鸟语，从小不爱读书，专爱斗鸡。一次，玄宗出游时，看到他在道旁以木鸡相斗，进退有度，甚有章法，便让他进宫训练斗鸡。贾昌在斗鸡方面倒是真有些本事，听说在他的训练下，那些鸡十分听话，一挥短鞭，群鸡便做好了准备；再挥短鞭，群鸡立马开斗；三挥短鞭，鸡群自动分开，群鸡纷纷退场。玄宗看了贾昌的训练成果后大喜，还封了贾昌一个五品的官。当时的人们都称贾昌是"神鸡童"，长安民间流传着一首歌谣，称"生儿不用识文字，斗鸡走马胜读书"。

李白了解这些情况后，十分愤懑，识字知书还比不上斗鸡走马，真正有才华的人没有得到重用，这些斗鸡之辈反而成了人上人。怀着质疑与不满，李白写下了《古风·其二十四》一诗：

大车扬飞尘，亭午暗阡陌。

中贵多黄金，连云开甲宅。

路逢斗鸡者，冠盖何辉赫。

鼻息干虹霓，行人皆怵惕。

世无洗耳翁，谁知尧与跖。

李白来到长安城，首先投奔的是许辅乾。许辅乾与李白的岳父是同宗，李白拿着岳父的举荐信，受到了许辅乾的热情招待。但是许辅乾当时任光禄卿一职，专掌皇上膳食，无法举荐李白，于是，许辅乾将李白推荐给了官至丞相的张说。

张说一向爱推贤进士，但是李白拜访的时机不对，此时张说身患重病，只能吩咐次子张垍接待李白。

张垍官至三品卫尉卿，而且是当朝驸马，并没有把李白放在眼里。李白留下了行卷，但张垍并未认真对待。

张说去世后，张垍在终南山丁忧，李白特意前去拜访。李白听说当今皇上曾为妹妹玉真公主修建了一座道观，也在终南山，便与张垍聊起此事，张垍建议李白可以住在道观里，或许在那里能巧遇玉真公主，如果能够得到玉真公主的垂青和举荐，一定能平步青云。

于是，在张垍的安排下，李白住进了终南山的道观。

李白在终南山的日子并不好过，山上食物短缺，房屋也无人打扫。终南山道观虽然是为玉真公主修建的别馆，但公主许久不来，因此无人照看，显得荒凉。李白在终南山上以读书、练字、写诗、舞剑来打发时光，最快乐的事情莫过于下山找朋友喝酒。

一日，夜幕时分，月亮升起，月光洒在满是苍翠的山间小路上，李白迈着轻快的步伐与友人一起走进农家小院，二人把酒言欢，畅聊人生，喝到尽兴时，吟诗高歌，这一刻，所有的世俗烦恼统统烟消云散，李白提起笔，将这美好的时光记录在《下终南山过斛斯山人宿置酒》一诗里：

暮从碧山下，山月随人归。

却顾所来径，苍苍横翠微。

相携及田家，童稚开荆扉。

绿竹入幽径，青萝拂行衣。

欢言得所憩，美酒聊共挥。

长歌吟松风，曲尽河星稀。

我醉君复乐，陶然共忘机。

　　李白等了数月也未等到玉真公主。秋日里，阴雨绵绵，到处一派萧瑟的景象，李白看着屋内蛛网密布，砧板上也长满了霉斑，处处透露着凄凉，不禁内心惆怅。

　　李白自认为满腹经纶，却没有遇到赏识自己的伯乐。前路漫漫，将来的事情谁又能说得好呢？或许有一天自己也能如南朝宋的刘穆之那样飞黄腾达，到那时，那些曾经拒绝举荐自己的人会不会追悔莫及呢？想到这些，李白写下了《玉真公主别馆苦雨赠卫尉张卿二首》送到了张垍手中：

其一

秋坐金张馆，繁阴昼不开。

空烟迷雨色，萧飒望中来。

翳翳昏垫苦，沉沉忧恨催。

清秋何以慰，白酒盈吾杯。

吟咏思管乐，此人已成灰。

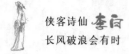
独酌聊自勉，谁贵经纶才。

弹剑谢公子，无鱼良可哀。

其二

苦雨思白日，浮云何由卷。

穆契和天人，阴阳乃骄蹇。

秋霖剧倒井，昏雾横绝巘。

欲往咫尺途，遂成山川限。

潈潈奔溜闻，浩浩惊波转。

泥沙塞中途，牛马不可辨。

饥从漂母食，闲缀羽陵简。

园家逢秋蔬，藜藿不满眼。

蠨蛸结思幽，蟋蟀伤褊浅。

厨灶无青烟，刀机生绿藓。

投箸解鹔鹴，换酒醉北堂。

丹徒布衣者，慷慨未可量。

何时黄金盘，一斛荐槟榔。

功成拂衣去，摇曳沧洲傍。

张垍拿到诗，见李白在诗里似乎有讽刺自己之意，心里很是不满。李白在终南山上苦等公主不来，便下山寻许辅乾另找出路。大概是许辅乾知道李白写诗嘲讽了张垍，这一次，许辅乾并没有好好招待李白，而是让下人将李白打发走了。

前往邠州

李白在长安干谒期间，也结识了一些朋友，陆调就是其中一位。

一天，陆调找到李白，说邠州（今陕西彬州）有位长史，名叫李粲，常常宴请天下名士，劝李白投奔李长史。

李白在长安正好也没什么进展，便前往邠州碰碰运气。

一开始，李长史热情地招待了李白，他发现李白诗写得好，便邀请李白住到府上，李长史宴请宾客时，就让李白在宴席上即兴作诗，烘托气氛。虽然李长史宴饮时常常会叫上李白，李白在邠州不愁吃不愁住，但是李白的目标不是成为这种宴席上的帮衬，而是实现自己的政治理想，这样的目标显然在邠州无法实现。

后来，李长史对李白的兴趣越来越低，渐渐无暇顾及李白。秋冬到来之际，天气转冷，李白身上没有御寒的冬衣，房间里也没有足够的炭火。看着李长史每日宾朋满座，夜夜笙歌，李白只好写下《豳歌行，上新平长史兄粲》一诗，向李长史求助：

> 豳谷稍稍振庭柯，泾水浩浩扬湍波。
>
> 哀鸿酸嘶暮声急，愁云苍惨寒气多。
>
> 忆昨去家此为客，荷花初红柳条碧。
>
> 中宵出饮三百杯，明朝归揖二千石。
>
> 宁知流寓变光辉，胡霜萧飒绕客衣。
>
> 寒灰寂寞凭谁暖，落叶飘扬何处归。

吾兄行乐穷曛旭，满堂有美颜如玉。

　　　　　　　赵女长歌入彩云，燕姬醉舞娇红烛。

　　　　　　　狐裘兽炭酌流霞，壮士悲吟宁见嗟。

　　　　　　　前荣后枯相翻覆，何惜余光及棣华。

　　李长史看了李白写的诗，或许是读到"前荣后枯相翻覆，何惜余光及棣华"时觉得李白的要求实在太多，便不想继续留李白在身边。于是给坊州司马王嵩写了一封信，让李白前去投奔。

转至坊州

　　坊州（今陕西延安隆坊镇）位于长安北部，司马王嵩主管坊州的军事。李白想到自己曾经研读的兵书或许能在坊州有用武之地，便带着书信欣然前往。

　　王嵩在坊州招待了李白，李白便在此居住了一段时日。在此期间，李白并没有参与任何军事行动，实际上，当时国泰民安，也并没有什么军事活动可让李白参与。李白在坊州仍然是宴席上的帮闲，一次，坊州来了一位从长安来的贵客阎正字，王嵩邀请其赏雪饮酒，把李白也带上了。席间，李白对雪赋诗，作了一首《酬坊州王司马与阎正字对雪见赠》：

游子东南来，自宛适京国。

飘然无心云，倏忽复西北。

访戴昔未偶，寻嵇此相得。

愁颜发新欢，终宴叙前识。

阎公汉庭旧，沈郁富才力。

价重铜龙楼，声高重门侧。

宁期此相遇，华馆陪游息。

积雪明远峰，寒城锁春色。

主人苍生望，假我青云翼。

风水如见资，投竿佐皇极。

王嵩读到"主人苍生望，假我青云翼。风水如见资，投竿佐皇极"四句时心生感慨，在由衷赞赏李白才情的同时也自知坊州这个小地方容不下志存高远的李白，便送别了他。

游历嵩山、洛阳

李白兜兜转转，干谒无门，便又回到了长安。

但是李白在长安又能依靠谁呢？之前写诗得罪了张垍，许辅乾也不想再帮自己，实在无人可以投靠。李白在长安游荡了几日后，便决定去嵩山找修道的好友元丹丘。

　　李白来到嵩山时，却发现好友元丹丘已经外出云游，于是只好独自游览嵩山胜景。李白听说嵩山住着一位女道士焦炼师，她生于齐梁之时，已经年过百岁，但看起来只有五六十岁。李白想要寻访焦炼师，向她求取长生之道，奈何访遍三十六座山峰，也未找到，只好写下一首《赠嵩山焦炼师》遥寄予她。

　　游历完嵩山，李白又顺路去了洛阳，洛阳城白日里人声鼎沸，处处喧嚣。当夜晚降临时，飞鸟归巢，城内亮起点点灯火，周围安静下来，不知谁在这寂静的夜晚吹奏起玉笛，悠扬的笛声随着春风飘荡，时隐时现，将李白的思绪带回了家乡。想到家中的妻子，李白再也无法入眠，索性起身穿衣，来到案前，提笔作下一首千古名篇《春夜洛城闻笛》：

　　　　谁家玉笛暗飞声，散入春风满洛城。

　　　　此夜曲中闻折柳，何人不起故园情。

迁居白兆山

　　李白在外漂泊了几年，终是没有得到入仕的机会。这几年他看透了人情冷暖，开始想念家乡的亲友，便决定先回家看看。

　　回到安陆白兆山桃花岩的家中后，李白与妻子、儿女团聚，一家人相聚一堂，这个家变得热闹起来。李白无事时，便陪儿女玩耍。孩子们给李白带来了很多欢乐，看着孩子们一天天长大，李白内心又变得焦虑起来。他想要成为孩子们的榜样，于是又开始积极寻找入仕的机会。

开元二十二年（734年），韩朝宗到襄阳上任，韩朝宗一向爱推贤进士，在士子中有"生不愿封万户侯，但愿一识韩荆州"的美名。李白的好友孟浩然和韩朝宗是旧识，襄阳距离安陆也不远，这让李白又看到了入仕的希望。

李白借着孟浩然的关系向韩朝宗递上了一封自荐信《与韩荆州书》，他在信中先盛赞韩朝宗："岂不以有周公之风，躬吐握之事，使海内豪俊，奔走而归之，一登龙门，则声价十倍！所以龙蟠凤逸之士，皆欲收名定价于君侯。"

接着，李白高调地介绍了自己的生平，用恣意飞扬的文字书写着自己的才华和抱负，他写道："十五好剑术，遍干诸侯。三十成文章，历抵卿相。虽长不满七尺，而心雄万夫。皆王公大人许与气义。此畴曩心迹，安敢不尽于君侯哉！"

然后，李白开始向韩朝宗推荐自己，他先用"君侯制作侔神明，德行动天地，笔参造化，学究天人"颂扬韩荆州，接着说自己"幸愿开张心颜，不以长揖见拒。必若接之以高宴，纵之以清谈，请日试万言，倚马可待"。在文末，李白还借用古人事迹请求韩朝宗推荐自己。

整篇文章洋洋洒洒，气概凌云，李白自认为是一篇得意之作。但或许是李白的这封自荐信太具个性，也或许是李白的文字太过豪放不羁，韩朝宗看过这封自荐信后，并没有举荐李白，李白的希望再一次落空。

再次出游

李白干谒无门，便在好友元演的邀请下再次出游。元演的父亲时任太原府尹，于是李白便与元演一起北上太原。

李白和元演在太原游览了各处名胜，李白尤其喜欢晋祠，多年以后他在《忆旧游寄谯郡元参军》一诗中追忆道："时时出向城西曲，晋祠流水如碧玉。浮舟弄水箫鼓鸣，微波龙鳞莎草绿。"他们还继续向北游历了代州，登上了长城，欣赏了塞外风光。

次年，李白辞别了元演父子，回到家中。妻子见到李白回家，自是喜出望外。儿女许久未见李白，一开始还躲在母亲身后，过了许久才跟李白亲热起来。李白向妻儿讲述着他在外游历的见闻和他的诗歌创作经历，妻子讲述着儿女成长中的趣事和家里的大小琐事，一家人欢聚在一起，分享着生活中的点滴。

李白在家的日子平淡而幸福，妻子许氏温婉贤良，膝下儿女双全，自是感到无比幸福，但是想到自己将近不惑之年，却还没有任何建树，内心也充满了忧虑。

看着孩子们一天天长大，李白内心的忧虑越来越强烈。这些年，李白已经去过了很多地方，干谒了很多达官贵人，都以失败而告终。但李白相信，大唐地域如此辽阔，还有很多地方没有走过，中华大地上人才济济，还有很多人没有拜见，只要自己不放弃，一定能遇到自己的伯乐。

于是，李白又一次离开家外出游历，这一次，他选择了南下。

李白这次南下游历了很多地方。他先后到达了南阳、宋州、泗州、楚州、扬州、金陵、杭州等地，虽然当地的官员都接待了李白，但均是将李白视为宴饮行乐时吟诗作赋、增添雅兴之类的角色，都未能举荐李白。

转眼间，李白在外游历已有一年之余，仍是没得到任何机会，便决定回安陆家中。

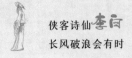
诗歌欣赏

安陆白兆山桃花岩寄刘侍御绾

李白

云卧三十年，好闲复爱仙。

蓬壶虽冥绝，鸾鹤心悠然。

归来桃花岩，得憩云窗眠。

对岭人共语，饮潭猿相连。

时升翠微上，邈若罗浮巅。

两岑抱东壑，一嶂横西天。

树杂日易隐，崖倾月难圆。

芳草换野色，飞萝摇春烟。

入远构石室，选幽开上田。

独此林下意，杳无区中缘。

永辞霜台客，千载方来旋。

赏 析

此诗作于李白在安陆白兆山桃花岩隐居期间，是写给侍御刘绾的一首诗。

诗的开篇通过"云卧三十年"六句描绘了白兆山云雾缭绕、恍若仙境的景象，点明了李白的求道之心。

"对岭人共语"十二句则描写了李白在白兆山桃花岩隐居时的日常生活细节以及白兆山桃花岩的绝美景色。李白入远山搭建石室，找一处幽静的地方开垦出良田，山中人烟稀少，便与对岭的人遥话家常。山中景色秀美，树木郁郁葱葱，四季色彩变换，李白时常登到峰顶，欣赏四时美景。

最后，李白通过"独此林下意"四句向刘侍御告别，并表达出世隐居之意。

整首诗生动地描写了桃花岩的美丽景色，也从侧面体现出李白怀才不遇、报国无门的复杂心情。

挥别过往，移家东鲁

李白回到安陆半年后，妻子许氏便离开人世，这让李白悲痛不已。深思熟虑后的李白决定挥别过往，带着孩子移家东鲁，开启新的生活。

妻子溘然离世

李白这次回到家中，发现妻子许氏的身体大不如前。结婚以后，李白常常在外游历，家中的孩子以及大小琐事都由许氏照顾和处理，许氏终于积劳成疾，这次生病怎么吃药也不见好转，半年以后便离开了人世。

这些年来妻子含辛茹苦地照顾两个孩子，打理着这个家，李白在外游历不仅未能求得一官半职，还没有尽到为人夫、为人父的责任，想到这些，李白不禁懊悔不已，泪如雨下。

许氏一走，李白在白兆山顿感孤寂。在这里，李白仿佛总能看到许氏的身影，想起与许氏的点点滴滴，无尽的思念让李白常常沉浸在痛苦之中。

移居东鲁，迎娶刘氏

李白还有两个孩子，他必须为以后的生活做打算。没有了许氏，李白对白兆山也不再留恋，留在这里也是徒增伤感，便变卖了白兆山的良田和房屋，离开这里，开启新的生活。

李白有一些远房亲戚在东鲁（今山东曲阜）做县令和佐吏，便想着前去投靠。

来到东鲁，在亲戚的帮衬下，李白用之前变卖田产的收入在兖州郡瑕丘城盖了房屋，并购置了几亩地，一家人总算有了遮风挡雨的地方。

一切都安顿好之后，李白在东鲁又开始结交新的朋友。李白豪爽不羁，与山东名士孔巢父、韩准、裴政、张叔明、陶沔常常一起饮酒高歌，吟诗作赋，六人当时被誉为"竹溪六逸"。

李白生性洒脱，爱好游山玩水，一个人时自然能随心所欲，可是现在膝下还有两个孩子需要照顾，家中还是需要一个女主人来操持。于是在亲友的介绍下，李白迎娶了一个姓刘的寡妇。

刘氏一开始听说李白是有名的才子，便嫁了过来，婚后发现李白家徒四壁，才子的名气无法换成实实在在的钱财，便对李白日日讥讽，嘲笑谩骂，李白在家中憋闷，便常常出去漫游。

李白与刘氏在一起的日子并不开心。后来，李白奉诏入京，在那之前，两人解除了夫妻关系。彼时的李白几乎将全部心力都放在了仕途上，渴望着大显身手、一展抱负，为大唐添荣耀，为苍生谋福祉。然而，此次入京，他的境遇依旧不如预期……

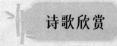

诗歌欣赏

留客中行

李白

兰陵美酒郁金香，玉碗盛来琥珀光。

但使主人能醉客，不知何处是他乡。

赏 析

　　李白居于东鲁期间，时常四处漫游，这首诗便是作于李白漫游兰陵（今山东临沂）之时。

　　"兰陵美酒郁金香，玉碗盛来琥珀光"二句诉说兰陵的酒不仅味道醇美，还散发着郁金香的芬芳，用玉碗盛放，轻轻晃动时美酒如琥珀般闪动着清亮的光芒，真是色香味俱全。

　　"但使主人能醉客，不知何处是他乡"二句语出惊人，耐人寻味。只要主人能让自己沉醉在这兰陵美酒中，自己恐怕会将兰陵当作故乡呢。

　　在这首诗中，李白一反羁旅诗抒发乡愁的写法，而是写自己贪恋美酒，不觉是客，立意新奇，从侧面反映出酒之美和主人的热情，体现了李白豪迈不羁的性格特点。

第四章

梦碎长安：

但愿长醉不复醒

李白终于等到了皇上的诏令，他"仰天大笑"而去，再次来到长安。此时的李白带着"我辈岂是蓬蒿人"的自信，意气风发，一心想要在长安有所作为。

李白的才华得到唐玄宗赏识，他被封为翰林待诏，一时风光无限。然而，李白的性格却与这宫廷格格不入，他的狂放不羁得罪了不少权贵，最终受到排挤，被赐金还山。但是，生性乐观、豁达的李白没有放弃心中的理想，他仍相信终有一天，自己能够实现抱负，兼济苍生。

奉诏赴京，我辈岂是蓬蒿人

李白与道教渊源颇深，道士元丹丘堪称是他最亲密的朋友之一。通过元丹丘的推荐，李白终于获得入京的机会。有远大志向的李白兴奋之余，不禁高呼"我辈岂是蓬蒿人"。

元丹丘接令赴京，李白前去道贺

唐玄宗一心向道，对道教的推崇令大唐上下崇道之风日盛。开元二十九年（741 年），唐玄宗的妹妹玉真公主准备到谯郡（今安徽亳州）朝拜老子，玄宗便诏令天下道门高士赴京随同，其中便有李白的好友元丹丘。

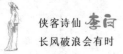
李白听说元丹丘接到了诏令，便来到颖阳山居为元丹丘道喜和送行。身为李白的好友，元丹丘自然知道李白的才华和志向。他向李白表示此次进京，一定找机会荐举李白。

畅游泰山，排遣心绪

天宝元年（742 年）春，李白迟迟等不到朝廷的诏令，心绪不宁，便约上几位好友前往泰山散心。泰山风光秀美，山峰挺立，巍峨壮观，李白此前已经来此游览过多次，但这次他们是夜间登山，与以往感受又有不同。

夜晚的泰山，少了白日里的喧嚣，山间奔流的水声与松林间呼啸的风声听起来格外清晰。李白站在泰山脚下，昏暗中，一座座山峰如同一扇扇屏风般展开，李白想到皇上封禅时也曾乘坐六龙车辇，翻山越岭，登上泰山。如今的这条御道正是当年所开，但当年御道上的马蹄痕迹如今早已被青苔淹没。

李白一行人穿过中天门，一路悬崖峭壁，山峰险峻。艰难登上南天门后，他们不由得仰天长啸，山间的清风将心中的烦闷一扫而光。拂晓时分，一行人终于登上日观峰。

站在高高的峰顶，李白仿佛一伸手就能拨开天上的云彩。太阳出来的一刹那，金光四射，照亮了整个山川大地，周围的景色变得愈加清晰、明亮。远处，蜿蜒曲折的黄河水自西向东不停地奔流至群峰中，近处，一座座山峰高耸挺立，拔地而起，连绵延伸，犹如一条条巨龙盘踞于此。站在日观峰之巅，李白感受到一种无与伦比的震撼，闭上眼睛，伸开双臂，仿佛就能拥抱整个天地。

传说，泰山中曾有仙人出没，而此刻泰山风景奇秀，山间云雾缭绕，正犹如人间仙境，李白置身其中，仿佛看到仙人们在云端"鸾凤舞""笙歌发"。

此次泰山之游，让李白心中涌起无限的诗兴，他将自己在泰山的所见所思融入诗中，写下了六首《游泰山》，其中一首如下：

平明登日观，举手开云关。

精神四飞扬，如出天地间。

黄河从西来，窈窕入远山。

凭崖揽八极，目尽长空闲。

偶然值青童，绿发双云鬟。

笑我晚学仙，蹉跎凋朱颜。

踌躇忽不见，浩荡难追攀。

诏令到来，李白尽欢颜

元丹丘果然不负所托，他随玉真公主出行时，向公主推荐了李白，玉真公主本就听说李白才高八斗，于是又向玄宗举荐了李白。除此之外，李白的道友吴筠也曾向玄宗推荐过李白。玄宗曾看过李白的诗赋，对其十分赞赏，再加上众人推荐，便下了诏令，让李白赴京。

唐玄宗天宝元年（742 年）八月，李白终于接到了朝廷的诏书，这一年李白四十二岁，已过不惑之年的他接到赴京的诏书兴奋得像个孩子。想到自己终于可以大展宏图，李白恨不得立马飞赴长安。

此去长安，李白最放心不下的就是两个孩子。于是，临行前他特地到南陵田舍去看望孩子，并将孩子托付给朋友，这才安心启程前往长安。

南陵别儿童入京

李白

白酒新熟山中归，黄鸡啄黍秋正肥。

呼童烹鸡酌白酒，儿女嬉笑牵人衣。

高歌取醉欲自慰，起舞落日争光辉。

游说万乘苦不早，著鞭跨马涉远道。

会稽愚妇轻买臣，余亦辞家西入秦。

仰天大笑出门去，我辈岂是蓬蒿人。

赏　析

　　唐玄宗天宝元年，李白准备赴京前特地来南陵田舍看望自己的两个孩子，与孩子告别之时写下了这首《南陵别儿童入京》。

　　"白酒新熟山中归，黄鸡啄黍秋正肥"二句交代时间，秋日，正是丰收的季节，新酿的白酒、肥美的黄鸡展现出一幅美好的田园画面。

　　"呼童烹鸡酌白酒，儿女嬉笑牵人衣"二句写李白与儿女的欢喜，此去京城，李白满心欢喜，准备痛饮几杯，怎能没有下酒菜呢？于是呼唤童仆杀鸡烹煮，儿女见状知道有好事，牵扯着李白的衣襟嬉笑打闹。

　　"高歌取醉欲自慰，起舞落日争光辉"二句是李白对未来的畅想，李白蹉跎多年，均未能入仕，如今终于有了进京的机会，想到或许可以实现自己的理想和抱负，李白喜不自胜，不禁饮酒高歌，在落日余晖中，他仿佛看到了自己光明的未来，不禁起身舞剑与日争辉。

"游说万乘苦不早，著鞭跨马涉远道"二句写李白想要马上赶到京城，向皇上述说自己的治世之道，只好快马加鞭匆匆赶路。"苦不早""著鞭"凸显出他的急切心情。

"会稽愚妇轻买臣，余亦辞家西入秦"二句为用典，汉朝时期的朱买臣早年间生活贫苦，后来得到了汉武帝的赏识，做了会稽太守。此处，李白将那些轻视他的小人比作会稽愚妇，同时自比为遇到明主的朱买臣，可见李白此刻心情极其舒畅，堪称扬眉吐气。

"仰天大笑出门去，我辈岂是蓬蒿人"这两句将李白的情感推向高潮，"仰天大笑"凸显出李白的得意神态，"我辈岂是蓬蒿人"将李白踌躇满志的状态和自信、豪放的性格体现得淋漓尽致。

整首诗前后呼应，从归家写到离家，在叙事的同时将情感一层层表达出来，最后到达高潮，展现了李白激动的心情和豪迈的气概。

诗仙遇诗狂

　　李白为了尽快到达长安，快马加鞭，仅用了约十日便从东鲁来到长安。他住在招贤馆中，等待着皇帝的召见。

　　虽然皇帝急召李白入京，但是李白到了长安，却没有被立刻召见。这正好给李白腾出了时间，他将自己一路上构思的清除时弊的方法整理成《宣唐鸿猷》，准备面圣时献给皇上。

　　《宣唐鸿猷》完成后，李白就等着皇上召见。闲暇时，他在长安城中四处游逛，欣赏长安的繁华景象。

　　一天，李白游览长安的大宁坊紫极宫，恰巧遇到一位发须皆白的老者，他见老者气度不凡，便上前询问，一问才知这是自号"四明狂客"的贺知章。李白十分惊喜，他从小便熟读贺知章的诗，贺知章的那些经典诗句如"碧玉妆成一树高，万条垂下绿丝绦"，李白都能脱口而出。见到贺知章本人，李白自是激动异常，他赶忙向贺知章行礼，并自报家门。

贺知章得知面前站着的青年才俊竟然是李白时，也十分高兴，他早就听说李白才华过人，便询问李白是否有新的作品，李白拿出随身携带的《蜀道难》，贺知章接过此诗，从头细细读了起来：

噫吁嚱，危乎高哉！蜀道之难，难于上青天！蚕丛及鱼凫，开国何茫然！尔来四万八千岁，不与秦塞通人烟。西当太白有鸟道，可以横绝峨眉巅。地崩山摧壮士死，然后天梯石栈相钩连。上有六龙回日之高标，下有冲波逆折之回川。黄鹤之飞尚不得过，猿猱欲度愁攀援。青泥何盘盘，百步九折萦岩峦。扪参历井仰胁息，以手抚膺坐长叹。

问君西游何时还？畏途巉岩不可攀。但见悲鸟号古木，雄飞雌从绕林间。又闻子规啼夜月，愁空山。蜀道之难，难于上青天，使人听此凋朱颜！连峰去天不盈尺，枯松倒挂倚绝壁。飞湍瀑流争喧豗，砯崖转石万壑雷。其险也如此，嗟尔远道之人胡为乎来哉！

剑阁峥嵘而崔嵬，一夫当关，万夫莫开。所守或匪亲，化为狼与豺。朝避猛虎，夕避长蛇；磨牙吮血，杀人如麻。锦城虽云乐，不如早还家。蜀道之难，难于上青天，侧身西望长咨嗟！

贺知章越读越兴奋，李白用浪漫主义手法描绘出蜀地壮丽、奇险的自然风光，其丰富的想象力让贺知章叹为观止，不禁称赞李白乃是"谪仙人"也，并称他的诗句气吞山河，有惊风雨、泣鬼神的气魄。李白对贺知章的赞美十分引以为傲，曾向自己的亲友讲述这一段奇

遇，他的好友杜甫便将这段故事写入诗中："昔年有狂客，号尔谪仙人。笔落惊风雨，诗成泣鬼神。"（《寄李十二白二十韵》）

李白与贺知章一见如故，二人都好酒，便找到一个酒馆，边饮边聊。二人谈论起文学、诗歌和创作心得，都兴致勃勃，越聊越投机，贺知章还表示上朝时要上奏皇上，请皇上早日召见李白。

不知不觉，已经到了分别时刻，结账时，二人才发现均未带钱，贺知章便解下身上佩戴的小金龟来抵酒钱，留下金龟换酒的佳话。

诗歌欣赏

对酒忆贺监二首并序·其一

李白

太子宾客贺公，于长安紫极宫一见余，呼余为"谪仙人"，因解金龟换酒为乐。殁后对酒，怅然有怀，而作是诗。

四明有狂客，风流贺季真。

长安一相见，呼我谪仙人。

昔好杯中物，翻为松下尘。

金龟换酒处，却忆泪沾巾。

赏 析

贺知章晚年还乡后不久便因病离世。李白想起二人初次见面时贺知章曾以金龟换酒，而且二人同列"饮中八仙"，如今他独自面对美酒，忆及故人，怅然若失，于是写下了这首怀念贺知章的诗。

"四明有狂客，风流贺季真"中的"狂客""风流"等词道出贺知章豪放的性格和风流倜傥的形象。

"长安一相见，呼我谪仙人"是对往日的回忆，李白忆及长安首次相见时，贺知章称赞他乃是天上下凡的仙人，而贺知章的赞赏也让李白在长安声名大噪，可见，贺知章既是李白的知己，也是李白的伯乐。

"昔好杯中物，翻为松下尘。金龟换酒处，却忆泪沾巾"四句写贺知章昔日爱酒爱才，为了结交朋友，不惜拿金龟换酒，如今却化为松下的尘土，忆及此处，李白不禁潸然泪下，今昔对比，让人产生无限苍凉之感。

　　整首诗借酒回忆与贺知章的往事，表现了李白对这位好友的思念，情感真挚，感人至深。

翰林待诏，诗才震京城

在贺知章的推荐下，李白很快受到皇上召见，并被封为翰林待诏。这段时间，李白成为长安城里的大红人，他随侍君王左右，写下许多千古名句，一时间风光无限。

面见玄宗，被封翰林待诏

贺知章十分欣赏李白的才华，不日便向皇上提起李白。玄宗得知李白已经到了长安，十分高兴，便宣召李白入宫觐见。

这一天，李白早早醒来，跟着内侍来到大明宫。十二年前，李白初入长安之时，只能在大明宫外徘徊观望，如今有幸走进这大明宫内，看到巍峨高大、金碧辉煌的殿宇，想到自己的远大抱负或许马上就能实现，内心无比激动，他摸了摸早已准备好的《宣唐鸿猷》，眼睛里闪烁出期待的光芒，脚步也变得更加轻快。

此前，唐玄宗听过多人推荐李白。李白作为一介布衣，他的名字能够传入皇帝耳中，想必一定是才华出众、道德高尚之人，因此唐玄宗降辇步迎，以示敬重。在金銮殿内，唐玄宗问了李白对一些时事的看法，李白当即奉奏一篇。唐玄宗看到李白确实文采了得，便封李白为翰林待诏。此后，李白可以自由出入翰林院，皇帝需要时，为皇帝写诗。唐玄宗还赏赐了李白一些食物，并亲手为他调羹。

这一切迹象都表明唐玄宗十分看重李白，但这种看重与李白想象的却有所不同，唐玄宗并未与李白谈论任何政事，李白写的《宣唐鸿猷》自然也就没机会登场。

佳作频出，名震京城

李白被封为翰林待诏后，便搬进了翰林院。翰林院距离金銮殿很近，里面除了李白，还住着多位或有才华或有一技之长之人。这些人都在翰林院待命，随时等候皇上的召见。

唐玄宗知道李白诗写得好，出行时或在宫中娱乐时常常让李白随侍左右，写诗助兴。

这期间，李白随唐玄宗前往骊山温泉宫，见识了威风凛凛的羽林

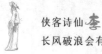

侍卫，听到了昼夜不停的丝竹之声，奉命写下了《侍从游宿温泉宫作》：

> 羽林十二将，罗列应星文。
>
> 霜仗悬秋月，霓旌卷夜云。
>
> 严更千户肃，清乐九天闻。
>
> 日出瞻佳气，葱葱绕圣君。

　　李白写的诗常常受到玄宗夸赞，一时间，他成了唐玄宗身边的红人，名震京城。长安城中的权贵们纷纷邀请李白到家中饮酒。李白本就好酒，常常喝得酩酊大醉，好多次唐玄宗召见李白时，李白已经喝醉了，但是"李白斗酒诗百篇"，醉酒的李白仿佛真如仙人附体，常常佳句频出，令人叹为观止。

　　一次，唐玄宗在宫中以声伎为娱，与宫人行乐，情绪高涨之时，便命李白前来，让李白以诗记录下宫中的良辰美景。恰逢李白在宁王家醉酒，被召来时已经颇显醉态，唐玄宗命李白以"宫中行乐"为题写十首诗，李白大笔一挥，十首诗一气呵成，令众人惊叹不已。现存八首，其中一首如下：

> 柳色黄金嫩，梨花白雪香。
>
> 玉楼巢翡翠，金殿锁鸳鸯。
>
> 选妓随雕辇，征歌出洞房。
>
> 宫中谁第一，飞燕在昭阳。

——《宫中行乐词八首·其二》

还有一次，恰逢春日，牡丹花开，唐玄宗陪着杨玉环在沉香亭中赏花喂鱼。唐玄宗看杨玉环肤如凝脂，目若秋波，举手投足间娇媚无限，与之相比，牡丹花都逊色，心想此情此景应该让人写进诗中，让更多的人知道。于是，便下诏让李白前来谱写新诗。

前去寻找李白的人走遍了长安城中的大街小巷，最后才在一个酒家找到已然喝醉的李白。

李白摇摇晃晃地来到沉香亭奉命写诗。他踉踉跄跄，只觉天旋地转，白云仿佛化作杨玉环的罗裙，艳丽的牡丹花好像与杨玉环美若天仙的脸庞融为一体。看着宫女们舞动着曼妙的身姿，恍惚间李白以为是群玉仙山或是瑶台月下的仙子向自己翩翩走来。于是他提笔写下《清平调词三首》：

其一

云想衣裳花想容，春风拂槛露华浓。

若非群玉山头见，会向瑶台月下逢。

其二

一枝秾艳露凝香，云雨巫山枉断肠。

借问汉宫谁得似，可怜飞燕倚新妆。

其三

名花倾国两相欢，长得君王带笑看。

解释春风无限恨，沉香亭北倚阑干。

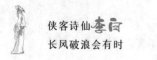

　　众人读罢，无不被这精妙的诗句所折服，皆叹真乃神来之笔，李白无愧谪仙之名。唐玄宗虽然不喜李白整日醉酒，但见他酒后的诗如此出色，也不禁心生佩服。

诗歌欣赏

清平调词三首·其二

李白

一枝秾艳露凝香，云雨巫山枉断肠。

借问汉宫谁得似，可怜飞燕倚新妆。

赏　析

《清平调词三首》是李白任翰林待诏期间奉旨写的一组诗，本诗是其中第二首。

"一枝秾艳露凝香"一句从视觉和嗅觉来描写，将杨玉环比作凝香带露的牡丹，美丽而娇艳。"云雨巫山枉断肠"一句借用典故进一步突出杨玉环美若天仙的容貌。相传，楚襄王曾经梦到与神女在巫山相会，只可惜，神女只能出现在梦中，而样貌可与神女比肩的杨玉环却是真真切切存在于宫中，想必楚襄王如果见到，也会"枉断肠"。

"借问汉宫谁得似，可怜飞燕倚新妆"二句用汉宫中的赵飞燕来衬托杨玉环的美。赵飞燕是汉朝时期的绝代佳人，但在杨玉环面前，要靠新妆才能不被比下去，可见杨玉环的花容月貌。

整首诗抑古尊今，用艳丽的笔墨勾勒出杨玉环的天姿国色，字里行间展现出对杨玉环美貌的赞叹。

安能摧眉折腰事权贵

喜欢自由的李白性格狂放不羁，他不愿迎合权贵，不愿向权势低头，那声"安能摧眉折腰事权贵，使我不得开心颜"的呐喊正是李白内心的真实写照。

天子呼来不上船

李白天性豪放不羁，身为翰林待诏期间，本应做好时刻被传召的准备，但他我行我素，常常外出饮酒，喝醉了就直接睡在长安市井中。

据说，有一次唐玄宗在池边游玩，见四周风景宜人，便想让李白前来写诗作赋。结果，李白在翰林院中喝得大醉，侍从只好架着醉酒的李白前来。唐玄宗十分欣赏李白的才华，因而虽然李白醉酒见驾，但唐玄宗并没有治他的罪，仍然让侍从为他洗脸醒酒，并让高力士扶他上船，但李白却醉眼蒙眬地拒绝上船，自豪地大呼"我乃酒中仙"。

高力士为李白脱靴

高力士是唐玄宗的心腹，被唐玄宗授三品将军。至天宝年间，高力士在朝中的权势已经很大。

但李白从来都不是惧怕权势之人，据说曾有一次，醉酒后的李白为玄宗写文时，称靴子不干净，让高力士为其脱靴。高力士乃是服侍唐玄宗的宦官，除了皇上，还从来没有人敢这么使唤他。高力士碍于李白是皇上眼前的红人，真的帮李白脱掉了靴子，但心里已经开始记恨李白。

赐金还山，幽咽多悲声

成为翰林待诏后，李白写的诗总能得到唐玄宗的称赞，李白一开始感到很高兴，但渐渐地，却越来越迷茫、彷徨……

理想与现实背道而驰

一直以来，李白都渴望为君王出谋划策，建功立业，在仕途上有所建树。李白想要将自己的治世之道统统说与君王听，想要为百姓谋福祉，让底层的人民都过上衣食无忧的生活，为国家立千秋之功，让国家更加昌盛。

如今，李白能够自由出入翰林院，可以常常得到玄宗的召见，是玄宗身边的红人。他受到的赏赐越来越多，身边围绕的官员也越来越多，各种恭维之声不绝于耳。

但这表面的热闹与繁荣并不是李白真正想要的，眼前的恩宠与他的理想背道而驰。他奉命写诗，用艳丽的辞藻书写大唐表面的繁荣，用华丽的篇章粉饰大唐一时的太平。但他用心写就的治国策略却无人愿看，他的治国才华毫无用武之地，这无疑让李白的内心越来越感到孤独，于是他常常借酒消愁，在觥筹交错中寻求内心的慰藉。

遭人嫉妒，渐生归意

李白在宫中这段时间让所有人看到了他的文采，但他不拘小节的性格也让人觉得他恃才傲物、放荡不羁。李白常常醉酒、不修边幅，翰林院中其他待诏渐渐对他产生不满。

据传，李白让高力士为自己脱靴，让高力士对他心怀怨恨。一日，高力士听到杨玉环正在吟唱《清平调》，当唱到"可怜飞燕倚新妆"时，高力士故意指出，赵飞燕出身不好，而且作风不正，李白将杨玉环比作赵飞燕有贬低、嘲讽之意，这让杨玉环也开始对李白产生怨恨。唐玄宗欣赏李白，每次想要为李白赐官时，杨玉环都会向唐玄宗哭诉阻止。

李白自知唐玄宗身边的亲信都容不下自己，但是他也不愿意趋炎附势，攀附权贵，只能将自己的苦闷融入酒中，写入诗里。想起当年奉诏入京之时，是何等的意气风发，如今，李白虽有才华却遭奸人妒忌、陷害，无法在宫中立足，郁闷的李白渐生归意，只能借诗抒发自己的苦衷：

烈士击玉壶，壮心惜暮年。

三杯拂剑舞秋月，忽然高咏涕泗涟。

凤凰初下紫泥诏，谒帝称觞登御筵。

揄扬九重万乘主，谑浪赤墀青琐贤。

朝天数换飞龙马，敕赐珊瑚白玉鞭。

世人不识东方朔，大隐金门是谪仙。

西施宜笑复宜矉，丑女效之徒累身。

君王虽爱蛾眉好，无奈宫中妒杀人！

——《玉壶吟》

狂客离京，知己零落

唐玄宗天宝三年（744年），"四明狂客"贺知章请辞还乡。太子携百官设宴为贺知章饯行，李白也在其中。在宴席上，李白写下《送贺监归四明应制》送别这位忘年交：

久辞荣禄遂初衣，曾向长生说息机。

真诀自从茅氏得，恩波宁阻洞庭归。

瑶台含雾星辰满，仙峤浮空岛屿微。

借问欲栖珠树鹤，何年却向帝城飞。

贺知章不仅是李白的伯乐，更是李白的酒友、诗友与知己。贺知章风流潇洒，也爱喝酒。杜甫在《饮中八仙歌》中写道"知章骑马似乘船，眼花落井水底眠"，将其与李白并入"饮中八仙"。

李白在长安期间，接触了形形色色的人，表面逢迎、虚情假意之人不在少数，像贺知章这样保留赤子之心的人屈指可数。如今，贺知章离开了，李白在长安又少了一个知己。夜晚来临之时，李白摆上一壶酒，偌大的长安城，竟找不到一个人一起痛饮，便只好与天上的月亮共饮，与月对诗：

花间一壶酒，独酌无相亲。

举杯邀明月，对影成三人。

月既不解饮，影徒随我身。

暂伴月将影，行乐须及春。

我歌月徘徊，我舞影零乱。

醒时相交欢，醉后各分散。

永结无情游，相期邈云汉。

——《月下独酌四首·其一》

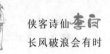

赐金还山，离开长安

李白在长安无法实现自己的理想，他的周围充斥着阿谀奉承、两面三刀之人，随着贺知章请辞还乡，知己渐少，李白觉得，自己也是时候离开长安了。

唐玄宗天宝三年（744年），李白向唐玄宗上书请求离开，唐玄宗准许，并赏赐了银两，谓"赐金还山"。

此时的李白觉得自己就像楚国的宋玉。宋玉本是性情高洁之人，却因为不被大众理解而受到楚王冷落，仕途不顺。李白挥笔写下一首诗来感叹宋玉的遭遇和悲哀：

> 宋玉事楚王，立身本高洁。
>
> 巫山赋彩云，郢路歌白雪。
>
> 举国莫能和，巴人皆卷舌。
>
> 一感登徒言，恩情遂中绝。
>
> ——《感遇四首·其四》

又有一天，李白看到一个弃妇，弃妇美貌犹在，却受到丈夫嫌弃。李白联想到自己才华横溢，却不受皇上重用，越想越感到悲哀，不禁写下《古风·其四十四》：

绿萝纷葳蕤，缭绕松柏枝。

草木有所托，岁寒尚不移。

奈何夭桃色，坐叹葑菲诗。

玉颜艳红彩，云发非素丝。

君子恩已毕，贱妾将何为。

临行前的日子里，李白预感到此次离开长安，就像那陇山上流下来的水，必将一去不复返，想必那流水知道自己无法再回来必定会"幽咽多悲声"吧。

伤感一次又一次涌上心头，李白自知伤感无用，还是擦掉泪水，赶紧离开吧。虽然前路艰难，但是李白仍然相信总有一天，他一定能高高挂起云帆，乘风破浪，在沧海中勇往直前。

行路难·其一

李白

金樽清酒斗十千，玉盘珍羞直万钱。

停杯投箸不能食，拔剑四顾心茫然。

欲渡黄河冰塞川，将登太行雪满山。

闲来垂钓碧溪上，忽复乘舟梦日边。

行路难，行路难，多歧路，今安在？

长风破浪会有时，直挂云帆济沧海。

赏　析

　　李白在长安任翰林待诏期间未受重用，两年后被赐金还乡，就此离开长安，这首诗就作于李白离开长安之时。

　　首四句写好友设宴饯行，但李白却心绪茫然，无心饮酒。李白面对价值万钱的珍羞美食和美酒却无心享受，手拿宝剑，四下环顾，不由得内心茫然。

　　次四句通过写实、用典，表达了李白入仕艰难却不忍放弃、希望柳暗花明的心理。想要渡河，却被坚冰堵塞，想要登上太行山，却被大雪拦截，这就像自己的仕途之路，道路艰辛、看不到希望。但想到当年的姜太公和伊尹一开始的仕途也都不顺利，后来才大有作为，李白又有了一些信心。

　　"行路难，行路难，多歧路，今安在？

长风破浪会有时，直挂云帆济沧海"是全诗
的情感升华之句。人生之路艰难而又多歧
途，到底应该何去何从呢？虽然迷茫，但李
白一向乐观豁达，他相信总有一天能够扬帆
远征，摆脱困境，实现心中理想。

整首诗情感激荡起伏，李白由一开始内
心的茫然，到仕途不顺的感慨，再到受贤者
的鼓舞，最后坚定信念，展现了强大的精神
力量。

第五章

离京岁月：不知何处是归程

李白怀抱着远大的政治理想期望在长安一展抱负，得到的却是"赐金放还"的结局。长安失意后，李白黯然离京，又一次开启了他的漫游生活。在接下来的十多年里，李白走遍大江南北，与杜甫结下了深厚的情谊，也曾北上幽州探查边关军情，当满腔热血报国无门时旋即南下，享受了一段闲适惬意的时光。

一朝去京国，十载客梁园

在长安政治失意的李白身心遭受了重大打击，虽然"赐金还山"的结局看似体面，但自己的理想与抱负却是彻底破灭了。心灰意冷的他决定自长安向东，取道洛阳，回到东鲁。

李白在东鲁生活了大概两三年的时间，之后再次开始漫游四方，而长安对于李白来说，成了一个寄托着自己的政治理想，却可望而不可即的地方。

虔诚入道，漫游东南

离开长安之后的李白急于寻求精神上的寄托，所以他决定正式受箓，成为一名真正的道士。李白从少年时期开始就信仰道教，在过去坎坷的岁月里，他总是能从道教思想中寻找到精神上的慰藉，因此他终于在经历了重大挫折之后决心受箓。

唐玄宗天宝三年（744年），李白请紫极宫的高天师为自己授道箓，经过一番烦琐、细致的仪式后，李白终于成了一位正式的道士。也许在李白看来，遁入方外能够帮助自己摆脱现实中的烦忧。

入道之后的李白经常有去南方漫游的想法，他梦想着深入名山大川，求仙问道，还曾经根据梦中游历天姥山的情景写出了《梦游天姥吟留别》，引得后人神往不已。

李白再次踏上旅途，他一路向南出发，来到了宋州（今河南商丘市睢阳区一带），游览了梁园，并留下一首名扬千古的《梁园吟》。

在宋州停留一些时日后，李白一路南下，游历了扬州、金陵、会稽等地，每到一处，诗酒流连，必有佳作问世。

李白在吴越一带的漫游以金陵为中心，在金陵他还巧遇了多年的老朋友崔成甫，故人相见，李白欣喜万分，寒暄一番后才知道，崔成甫在朝堂上遭受排挤，不久前被贬官金陵。李白听崔成甫介绍了朝廷中奸臣当道、小人得志的情形，心中不免十分烦闷。

但老友重逢毕竟是喜事，在崔成甫的提议下，两个人在秦淮河上饮酒赋诗，好不畅快。崔成甫向来仰慕李白的才华与风度，这次与李白相聚兴致颇高，遂提笔写下一首《赠李十二白》：

我是潇湘放逐臣，君辞明主汉江滨。

天外常求太白老，金陵捉得酒仙人。

李白在开怀畅饮、酒酣耳热之际，想起了自己的另一位好朋友王昌龄就在江宁任县丞，于是提议将王昌龄邀来一起欢聚。崔成甫却告诉他，王昌龄性格耿直，得罪了上司，上司在朝廷中有靠山，就利用朝中的关系将王昌龄贬官湘西了。李白听后十分忧伤，没想到老友遭受了如此不公的对待，夜色中他望着皎洁的明月，作下一首《闻王昌龄左迁龙标遥有此寄》，表达了对老朋友的同情和思念，同时也寄托了自己内心淡淡的哀愁：

> 杨花落尽子规啼，闻道龙标过五溪。
>
> 我寄愁心与明月，随风直到夜郎西。

在金陵时，李白经常登临古迹，他游览了位于金陵城西南的凤凰台，这是一座南朝时期的宫殿遗址。李白在凤凰台上欣赏着风景，感慨着世事的变迁。他想起了崔颢的名篇《黄鹤楼》，于是效仿崔诗的风格提笔写下一首《登金陵凤凰台》：

> 凤凰台上凤凰游，凤去台空江自流。
>
> 吴宫花草埋幽径，晋代衣冠成古丘。
>
> 三山半落青天外，二水中分白鹭洲。
>
> 总为浮云能蔽日，长安不见使人愁。

在这首诗中，李白先是描绘了凤凰台的景色，抒发了怀古之情，在诗的最后两句，他直指当下的朝廷浮云蔽日、小人当道，为自己不

149

能一展抱负感到无比遗憾。由此可见，离开长安已经有几年时间的李白，仍然不能放下他的政治理想，他依然期待着能够拥有建功立业的机会，而现实的残酷却令他失望至极，也让他的内心充满矛盾和痛苦，他一方面为自己的怀才不遇愤懑不平，另一方面也为朝廷的前景、大唐的命运深深地担忧。

寻访故友，写诗悼亡

李白在金陵停留了一段时间后决定继续南下，前往会稽山阴探访自己的老朋友贺知章。当年李白与贺知章在长安交往甚密，互有酬唱，可以称得上知己。

贺知章在天宝三年（744 年）辞官回乡，李白也在这一年被"赐金还山"，从这之后两人就没有再见过面，所以对于此次探访，李白是非常期待的。可惜天不遂人愿，当李白到达贺知章的家乡时才得知，贺知章在回乡后不久就病逝了，这对莫逆之交终是没能见上最后一面。贺知章去世的消息对李白打击很大，他心情很低落，只能将无限思念化作动人的诗篇，用诗来祭奠这位老朋友：

其一

四明有狂客，风流贺季真。

长安一相见，呼我谪仙人。

昔好杯中物，翻为松下尘。

金龟换酒处，却忆泪沾巾。

其二

狂客归四明，山阴道士迎。

敕赐镜湖水，为君台沼荣。

人亡余故宅，空有荷花生。

念此杳如梦，凄然伤我情。

——《对酒忆贺监二首》

北上还家，喜结连理

　　李白在吴越一带漫游期间，游览了天台山、天姥山以及霍山，遍览各地风景名胜。他虽然将身心交付给名山大川，期望在大自然中获得抚慰和解脱，但他内心仍然不能忘记自己的政治理想，尤其在奸臣当道、社会黑暗的时刻，李白忧国忧民的情怀变得更加浓烈。他始终关心着朝廷局势，期待着能够为朝廷效力。

　　而他在漫游大江南北的过程中，除了放松身心、开阔眼界、寻仙问道之外，也期盼着能够结交一些社会名流，得到更多被引荐的机会，然而在南方漫游的经历并没有为李白提供这样的机会。

　　随着李白在南方游历的时间越来越久，他的思乡之情与日俱增，

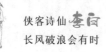
所以他决定结束在南方的漫游，返回东鲁老家看望自己的儿女。在南方的日子里，李白曾写下一首《寄东鲁二稚子》，并托人带给自己远在北方的孩子，其中几句写道：

娇女字平阳，折花倚桃边。

折花不见我，泪下如流泉。

小儿名伯禽，与姊亦齐肩。

双行桃树下，抚背复谁怜？

李白的爱子之情溢于言表，他确实离开家乡太久了。于是李白决定北上还家，当他途经汴州（今河南开封市）时被一位故交邀请到家中做客。这位朋友名叫宗璟，他本是前宰相之后，由于家族卷入了朝廷的政治风波而家道中落，就定居在汴州生活。

宗璟比李白年龄小很多，十分仰慕李白的才华，对李白的许多诗作都能背诵，这次有机会把李白请到家中，宗璟非常高兴，他热情地设宴招待李白，并且留李白在家中多住些日子。宗璟在与李白的接触中得知李白的夫人已去世，于是将自己的姐姐介绍给李白。

宗璟的姐姐是一位大家闺秀，知书达理，很有书卷气，她对李白的大名早有耳闻，这次与李白相见，亦萌生了别样的情愫。李白在与这名女子交流接触的过程中也对她颇有好感，两人心有灵犀，慢慢走到了一起。李白没想到，在汴州竟然遇到了自己生命中的红颜知己，最终在宗璟的撮合之下，李白与宗氏喜结连理，宗氏成了李白的第四任妻子。

诗歌欣赏

将进酒

李白

君不见，黄河之水天上来，奔流到海不复回。

君不见，高堂明镜悲白发，朝如青丝暮成雪。

人生得意须尽欢，莫使金樽空对月。

天生我材必有用，千金散尽还复来。

烹羊宰牛且为乐，会须一饮三百杯。

岑夫子，丹丘生，将进酒，杯莫停。

与君歌一曲，请君为我倾耳听。

钟鼓馔玉不足贵，但愿长醉不复醒。

古来圣贤皆寂寞，惟有饮者留其名。

陈王昔时宴平乐，斗酒十千恣欢谑。

主人何为言少钱，径须沽取对君酌。

五花马，千金裘，呼儿将出换美酒，与尔同销万古愁。

赏　析

　　这首七言歌行是李白关于"饮酒"主题的重要作品，大约创作于李白在长安政治失意，被赐金放还之后。从诗中内容可推测李白是在与朋友岑勋、元丹丘相聚时即兴创作了此诗。"将进酒"就是请饮酒之意。

　　这首诗结构严谨，层层递进，表达了丰富、深刻的人生态度。诗的开头，诗人首先用"黄河东流不复回""高堂明镜悲白发"之句来抒发时光易逝、人生易老的感慨，而面对这样的人生悲苦，诗人认为应当及时行乐，"莫使金樽空对月"。这一时期的李白内心是苦闷的，便通过饮酒排解忧愁，他相信此刻怀才不遇的自己他日必能大展宏图。此刻的李白暂时放下了现实中的不如意，只管烹羊宰牛，尽情豪饮。酒酣耳热之际，还不忘高歌一曲，请朋友们仔细地欣赏，诗中所抒发的情感可谓狂放至极。

随后的几句，诗人通过典故表达了内心
的愤懑和不平。李白认为自己就像陈王曹植
一样，受到了不公正的待遇，与其无谓抗争
还不如潇洒饮酒让自己青史留名。诗的最
后，李白还不忘提醒店主："不要担心少了
你的酒钱，请尽管取酒让我和朋友们痛饮。
五花马、千金裘都是身外之物，我都会将它
们拿出来换取美酒，与朋友同销这万古长
愁。"

　　显然，无论李白饮酒时多么狂放不羁，
他最终的情感落脚点仍然是"愁"，他是在
借酒浇愁，本质仍然是在抒发失落、激愤的
人生感慨。

　　这首诗在情感上大开大合、汪洋恣肆，
诗人用浪漫主义的笔触表达了丰富的人生哲
理。"李白斗酒诗百篇"，在这首诗中体现得
淋漓尽致，《将进酒》这首诗也让李白成为
后人心目中当之无愧的"酒中仙"。

李杜相遇，携手日同行

　　李白在天宝三年（744年）被朝廷"赐金还山"后，便从长安返回东鲁老家，当他途经洛阳时，遇到了正在洛阳处理家事的杜甫，这是李杜的第一次相遇。

　　李白年长杜甫十多岁，当时的李白早已名满天下，杜甫虽然也有一些诗作流传，但他还未曾出仕，名气远远比不上李白。纵使身份、地位悬殊，但同为天才诗人的他们还是一见如故、惺惺相惜，他们促膝长谈，不断表达着互相的仰慕之情。可惜这次会面时间太短，两个人匆匆别过，但他们相约这一年的秋天在梁宋（今河南开封、商丘一带）再会。

　　秋天很快到来了，此时李白的"受箓"仪式已经完成，他和杜甫按照之前的约定到梁州、宋州相会。李杜第二次会面时，有了充足的时间相处，彼此推心置腹、饮酒赋诗、高谈阔论，两位文学巨匠探讨着写诗的心得，诉说着过往的经历，他们像亲兄弟一样，形影不离，携手同行，度过了一段非常难忘的时光。

正当李杜二人在梁宋之间游览之际，他们遇到了老朋友高适。高适字达夫，他本是渤海蓨县（今河北景县一带）人，如今游走在梁宋之间。这次相遇简直是上天的安排，三位大诗人的相聚在中国文化史上留下了精彩的一笔。此时的李白刚刚被"赐金还山"，杜甫则经历了科考失利，高适也是一介布衣，三个人毫无顾忌，漫游梁宋，无比畅快。

高适带领着李白、杜甫来到吹台，吹台相传是春秋时期音乐家师旷奏乐的地方，在此，李白、杜甫、高适三人凭高怀古，饮酒赋诗，不亦乐乎。游赏期间，高适创作了一首《古大梁行》，李白则写了一首《梁园吟》，两首诗都表达了诗人复杂的内心世界和期望有朝一日能够再为朝廷效力的热忱。

此时的李白已经是一位真正的道士，他对于寻仙问道兴致颇高，于是三人决定一起前往王屋山阳台宫寻访司马承祯。但当他们三人来到王屋山阳台宫时，却发现司马承祯早已经羽化登仙。李白感慨丛生，挥笔写下了著名的《上阳台帖》：

山高水长，物象千万，非有老笔，清壮何穷。十八日，上阳台书，太白。

李白的草书龙飞凤舞，潇洒俊逸，寥寥几句描绘了王屋山的雄奇壮观，表达了对司马承祯的仰慕之情。

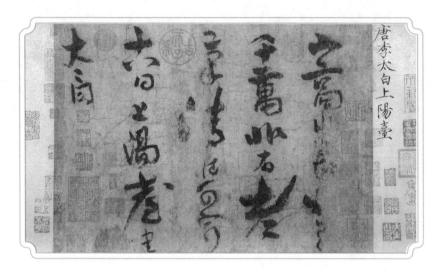

李白草书《上阳台帖》

在一起度过了一段美好的时光后，李白、杜甫、高适三人相互告别。到了第二年（745年），杜甫专程前往东鲁与李白相聚。对于杜甫的来访，李白欣喜万分，这是李杜的第三次相遇。

李白邀请杜甫在自己家中住下，热情地招待他。此后一段时间里，李杜二人在任城（今山东济宁）、鲁郡（今山东兖州）等地游览。在鲁郡，李白还带着杜甫去寻访自己的朋友范十。

范十是一位隐士，居住在比较偏僻的地方，去往他家的道路比较崎岖难走，在寻访途中，李白不慎掉入了苍耳丛中，他在与范十见面时便写了一首诗自嘲，题目是《寻鲁城北范居士失道落苍耳中见范置酒摘苍耳作》。

杜甫则写了一首《与李十二白同寻范十隐居》诗中表达了与李白亲如兄弟、形影不离、秋眠共被、携手同行的美好经历：

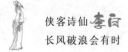

李侯有佳句，往往似阴铿。

余亦东蒙客，怜君如弟兄。

醉眠秋共被，携手日同行。

更想幽期处，还寻北郭生。

入门高兴发，侍立小童清。

落景闻寒杵，屯云对古城。

向来吟橘颂，谁与讨莼羹？

不愿论簪笏，悠悠沧海情。

　　杜甫在山东一带停留了数月，最终依依不舍地与李白告别，两个人都十分伤感，他们相约日后常以书信来往，传递诗作。临别之际，李白深情地写下《鲁郡东石门送杜二甫》这首诗送给杜甫，表达了依依惜别的情意。

诗歌欣赏

鲁郡东石门送杜二甫

李白

醉别复几日，登临遍池台。

何时石门路，重有金樽开。

秋波落泗水，海色明徂徕。

飞蓬各自远，且尽手中杯。

赏 析

　　这首诗创作于天宝四年（745年）李白与杜甫最后一次相会于东鲁期间，在临别之际李白写了这首诗赠予杜甫。

　　李白与杜甫之间的交游是中国文学史上的一段佳话，两位文学巨匠通过不同风格的经典诗作征服了无数读者。

　　"醉别复几日，登临遍池台。"诗的开头，李白描述他与杜甫同游东鲁，经常饮酒，几乎游遍此地的名胜。"何时石门路，重有金樽开。"三四句表达了李白期待日后还能有机会与杜甫相聚。

　　"秋波落泗水，海色明徂徕"两句，描绘了一派诗情画意的景象，言有尽而意无穷。"飞蓬各自远，且尽手中杯。"最后两句表达了李白十分不舍的心情。既然分别是无法改变的，那么就满饮此杯，各自珍重吧！

　　李白这首赠别诗明白晓畅、一气呵成，饱含了对朋友的真挚情谊，脍炙人口。

北上幽州，且探虎穴向沙漠

天宝五年（746年）至天宝九年（750年）期间，李白仍在吴越等地漫游，虽然放松了身心，实现了寻仙访道的目的，但在功业上却一无所获。回到北方以后，他一直在寻找着为朝廷效力的契机。

在北方的日子里，李白经常能听到人们谈论北方边境的情况，同时他听说自己的老朋友岑参在高仙芝的幕府中担任了掌书记。也许是受到了朋友的启发，经过一段时间的考虑，李白做了一个大胆的决定，他想前往幽燕之地，入职幕府，投身军旅，实现政治抱负。

夫人宗氏虽然不认同丈夫的做法，但她知道丈夫做出的决定是不会改变的，最后只能让丈夫北去。大约在天宝十年（751年）的秋天，李白启程北上，一路上领略了北方的雄浑壮阔，倒也是难得的经历。

路途遥远，李白在第二年（752年）的十月终于到达了幽州城

（今北京），然而这里的所见所闻让李白惊愕不已。整座幽州城此时气氛紧张，处处都预示着一场规模空前的战争即将爆发。

此时的安禄山身兼范阳、平卢、河东节度使，他正在训练兵士，加紧战备，对于幽州城的管理也十分森严，往来人员都需要接受搜查盘问，一旦发现可疑之人立刻处死。

安禄山在北方边关厉兵秣马，可见早已有了不臣之心。李白在幽州城停留了几天，他看清了安禄山即将图谋造反的事实，并且搜集了一些重要的证据，准备带回朝廷，告发安禄山的不轨企图。

幽州城笼罩着一股恐怖的气氛，让李白不寒而栗。事已至此，他深知自己在边关建功立业的愿望再一次破灭了，此刻他身处虎狼之地，随时都有可能遇到危险，他不敢迟疑，收拾好行囊后很快就离开了幽州这片是非之地。

诗歌欣赏

幽州胡马客歌

李白

幽州胡马客，绿眼虎皮冠。

笑拂两只箭，万人不可干。

弯弓若转月，白雁落云端。

双双掉鞭行，游猎向楼兰。

出门不顾后，报国死何难？

天骄五单于，狼戾好凶残。

牛马散北海，割鲜若虎餐。

虽居燕支山，不道朔雪寒。

妇女马上笑，颜如赪玉盘。

翻飞射鸟兽，花月醉雕鞍。

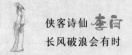

旄头四光芒，争战若蜂攒。

白刃洒赤血，流沙为之丹。

名将古谁是，疲兵良可叹。

何时天狼灭？父子得闲安。

赏　析

　　这首诗创作于天宝十一年（752 年）李白到达幽州以后。李白在幽州见到了与中原地区完全不同的情景，不由得感慨异常。

　　总体上，这首诗描写了幽州地区少数民族将士骁勇善战的特点。李白笔下的幽州胡马客箭术高超，作战十分勇猛。随后李白还描述了他们彪悍的个性及独特的生活习惯，同时描写了妇女同样勇敢、豪放的特点。通过对胡马客的描述，引发了李白的感叹，如今的大唐兵疲将弱，不堪一击，与勇猛的幽州胡马客形成鲜明对比，他希望战争能够停止，让父子百姓能够团聚安闲。

　　李白写这首诗的时候正身处安禄山所管辖的幽州，安禄山正在厉兵秣马，加紧备战，身处虎狼之地的李白一方面感叹胡地将士与中原将士的区别，另一方面也表达了对朝廷的深深担忧和渴望和平的愿望。

三入长安，报国无路

　　李白离开幽州后便马不停蹄地南下，他急切地想把安禄山策划谋反的消息带到中原、带到长安让皇帝知晓。他甚至期望通过这样的方式让唐玄宗重新认识他、重用他。

　　然而，当李白到达目的地长安以后，发现长安城中依然歌舞升平、一派祥和，这让李白更加焦急，他以为这里的人们还不知道一场巨大的灾难即将来临，所以准备尽快向朝廷报告。但是李白没有向皇帝直接报告的资格，于是他想办法给长安的官员写了几封信告发安禄山谋反一事，可是一连数日，这些信仿佛石沉大海，毫无回应。这让李白心急如焚，他准备亲自冒险告发此事。

　　据说，有一天李白来到了长安城的街市，看到街上有侍卫正押解着一队犯人经过，不知这些人犯了什么罪。通过打听才得知，这些人都是因告发安禄山谋反而获罪的，由于皇帝宠信安禄山，就命令侍卫将这些犯人交给安禄山处置。得知此事的李白不禁大吃一惊，原来朝廷早已收到安禄山要谋反的消息，但并不认为消息是真的，反而还将告发的人治罪。

此时，李白内心五味杂陈，他想到自己北上幽州，探查到了重要的军情，为了大唐的安危马不停蹄地赶到长安，最终面临的却是这样的局面。他虽然心有不甘，但看到这些试图告密的人的下场时，只得打消了向朝廷汇报的念头，因为那样做不仅不会起到任何作用，自己还会遭受牵连。

之后，李白从一些老朋友口中得知，如今的朝廷昏庸腐败，奸相李林甫去世后由杨贵妃的哥哥杨国忠担任宰相，杨国忠不学无术，祸乱朝政，而唐玄宗却对他十分信任，早已没有了年轻时候的励精图治。李白感叹大唐的灾祸很快就要到来了，自己作为一介布衣，做再大的努力也于事无补，心灰意冷的他不想再卷入这场是非，和家人商量以后，他准备南下宣城，不问世事，过上一段闲适的生活。

南下宣城，孤云独去闲

大约在天宝十二年（753 年）的秋天，李白来到了宣城（今安徽宣城市）。此时的李白心态平和了许多，在宣城他自比陶渊明，"不知有汉，无论魏晋"，过着安闲的日子。然而，这一时的悠闲并不能让李白彻底放下对朝廷、对百姓命运的担忧。

登楼远望，借酒消愁

宣城地处皖南一带，气候宜人，风景秀美。南北朝时期的谢朓曾在宣城任太守，在这里他"半仕半隐"，将自己的诗歌创作成就推向了高峰。谢朓还在宣城修建过一座"高斋"，后人称之为"谢朓楼"。

李白对谢朓的诗歌十分赞赏，经常登上谢朓楼凭高远望，追古思今。纵情游览之余，自然也少不了写诗。他的《秋登宣城谢朓北楼》一诗，描绘了宣城恬静美好的景色，表达了对先贤的仰慕之情：

江城如画里，山晚望晴空。

两水夹明镜，双桥落彩虹。

人烟寒橘柚，秋色老梧桐。

谁念北楼上，临风怀谢公。

李白到宣城以后没多久，他的族叔李云恰好路过这里，此时的李云正担任校书郎，要去别地赴任，这让李白十分欣喜。李白与李云相约同登谢朓楼，把酒言欢，寒暄叙旧，同时李白也通过此宴为李云饯行。

相聚是让人欣喜的，但现实处境却又令人伤感，李白联想到自己满腔热情却报国无门，如今已经年过五十，仍然一事无成，不免烦恼丛生。李白一边饮酒一边吟出了那首《宣州谢朓楼饯别校书叔云》：

弃我去者，昨日之日不可留；

乱我心者，今日之日多烦忧。

长风万里送秋雁，对此可以酣高楼。

蓬莱文章建安骨，中间小谢又清发。

俱怀逸兴壮思飞，欲上青天览明月。

抽刀断水水更流，举杯消愁愁更愁。

人生在世不称意，明朝散发弄扁舟。

桃花潭畔，结识挚友

在宣城的日子里，李白深入民间，与当地的乡民结下深厚友谊。一次，他来到泾县，在这里结识了一位热情好客的村民，此人名叫汪伦。汪伦也是一位有才学的风雅之士，和李白意趣相投，两人一见如故，成了好朋友。

汪伦邀请李白到自己位于桃花潭畔的农庄上做客，每天以美酒佳肴招待李白，两个人无话不谈，十分尽兴。几天后，李白准备乘船离开泾县，依依不舍地和汪伦辞行。到了分别这一天，李白即将登船出发，却看见汪伦带着一队村民，踏歌前来为他送行。李白大受感动，没想到萍水相逢，却遇到了一位如此热情真诚的挚友，这真是自己人生的幸事。有感而发，李白激动地写下一首《赠汪伦》：

> 李白乘舟将欲行，忽闻岸上踏歌声。
>
> 桃花潭水深千尺，不及汪伦送我情。

敬亭山下，超然物外

宣城山清水秀，风景绝佳，这也是李白喜欢在这里生活的原因。他经常到宣城周边的一些山川游览，敬亭山就是他经常流连的地方。

敬亭山属于黄山的支脉，环境清幽，风景秀丽。独自一人来到敬亭山，寻一处安逸的地方闲坐，是李白觉得最享受的事情了。仿佛在这样的过程中，李白与群山有了心灵上的交流，这使他完全忘记了外界的喧嚣。就像李白在《独坐敬亭山》中写的一样：

> 众鸟高飞尽，孤云独去闲。
>
> 相看两不厌，只有敬亭山。

李白流连于敬亭山，将身心交给大自然，将内心的孤独寄托在山川大地当中，从而获得精神上的慰藉。显然，这样的日子李白是非常享受的。可惜的是，相看两不厌的时光并没有持续多久，他所担心的北方边境关乎整个国家命运的重大危机还是到来了。

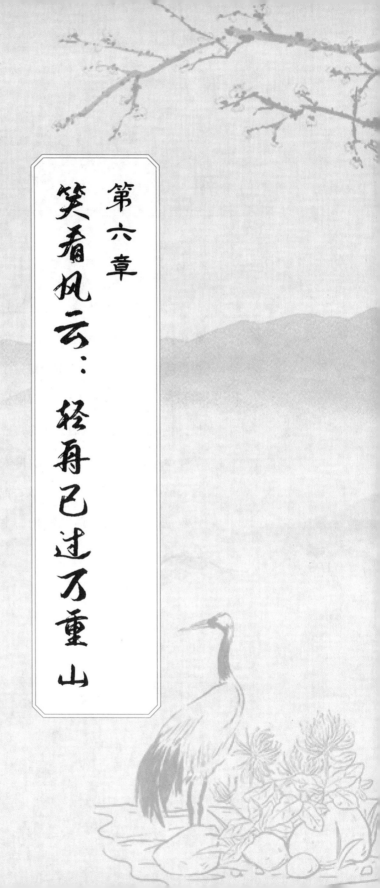

第六章

笑看风云：轻舟已过万重山

"两岸猿声啼不住，轻舟已过万重山。"只有真正读懂李白，才能明白这两句诗的含义。这不仅描述了李白历经沉浮、重获自由后的愉悦心情，更彰显了他豁达的人生态度。

　　李白绚烂过、夺目过，也失去过、痛苦过，在历经人间辛酸、饱尝人世悲苦后，他选择了释怀，乘舟远去。

硝烟四起，盛世落幕

盛唐的笔墨未干便走到了转折处，突如其来的战火打断了长安的歌舞，九州大地一片兵荒马乱。纵酒高歌的谪仙也被卷入乱世中，不得不逃亡在满目疮痍的路上。

安史之乱

唐玄宗晚年十分宠信安禄山，让他担任范阳、平卢、河东三地节度使。随着权力的扩张，安禄山逐渐生出了野心，想要起兵谋反。但当时的宰相李林甫权倾朝野，多方牵制安禄山，让安禄山不敢轻举妄动。

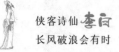
天宝十一年（752 年），李林甫去世，杨国忠任宰相。相比于李林甫，杨国忠昏庸无能，不足为惧。于是，安禄山开始组织兵马，准备谋反。

当人们还沉醉在盛世大唐的歌舞升平中时，危险悄然而至。天宝十四年（755 年）初冬时节，安禄山以讨伐杨国忠为借口在范阳起兵，平卢兵马使史思明随即响应，辅佐安禄山稳固战局。历史上，人们将这场由安禄山和史思明发起的战争称为"安史之乱"。

长安不见

安禄山麾下的精锐步骑十分勇猛，没多久就占据了河北多地。朝廷上下已经太久没有闻过战火的味道了，盛唐的美酒让人沉醉，也让人麻木。消息传到长安时，唐玄宗十分震惊。因为此前早有人和他说过安禄山有谋反之心，但他当时并不相信。

当时唐朝的精锐部队多在外地，留在长安的将领也不多。为了阻止安禄山军队的进一步扩张，唐玄宗命封常清、高仙芝等人率兵东征，一时间战火四起，长安更是岌岌可危。

李白曾写过那么多首关于长安的诗，他说"长安一片月，万户捣衣声""昔在长安醉花柳，五侯七贵同杯酒""长安白日照春空，绿杨结烟垂袅风"。他曾在长安城中呼朋引伴，长醉不醒，和着歌舞挥毫泼墨，写尽长安的锦绣美景。

然而此刻，长安已经不再是那个灯火璀璨、燕舞笙歌的长安了。长安城里人人自危，昔日热闹的茶楼酒肆生意逐渐冷清。这场战争之后，盛世难续，繁华过尽，那个让诗仙醉倒、贵妃曼舞的长安于战火中逐渐走向了萧条。

奔逃路上

　　战争爆发后，李白携夫人南逃，当时李白的儿子伯禽身在瑕丘，李白的门人武谔自告奋勇，表示自己愿意帮助李白接回儿子，李白感激不已，写诗以赠："爱子隔东鲁，空悲断肠猿。林回弃白璧，千里阻同奔。君为我致之，轻赍涉淮原。精诚合天道，不愧远游魂。"（《赠武十七谔》）

　　战火蔓延各地，叛军肆意屠杀沿途逃亡的百姓，让整个中原都笼罩在血光之中。百姓的鲜血洒在野草上，叛军却忙着封官加爵。此情此景令李白不由得咬牙切齿，对叛军愤恨不已。眼见逃难的人们衣衫凌乱、憔悴至极，李白心中悲苦，遂作诗痛斥叛军的残暴、描述百姓悲惨的逃亡之旅："俯视洛阳川，茫茫走胡兵。流血涂野草，豺狼尽冠缨。"（《古风·其十九》）"尺布不掩体，皮肤剧枯桑……草木不可餐，饥饮零露浆。"（《北上行》）

　　世人都道诗仙李白超凡脱俗、浪漫飘逸，殊不知，这只是李白的一面。李白的另一面是忧国忧民、心怀天下，他始终关注着国家的命

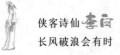
运和人民的苦难。

李白既是天上的谪仙，也是人间的游侠，他以诗书写浪漫，也以诗记录历史。李白在路上看见了民生疾苦，也看见了人世艰辛。他的诗里，不仅有天上明月，也有人间百味。

诗酒因缘

李白一路向南，一直到溧阳（今江苏溧阳市），在这里，他遇到了一位"豪士"，这位"豪士"十分热情地招待了李白，李白为了表达谢意，特别作了一首《扶风豪士歌》。诗云："梧桐杨柳拂金井，来醉扶风豪士家。扶风豪士天下奇，意气相倾山可移。作人不倚将军势，饮酒岂顾尚书期。"

从诗中可知，李白在初春时节到了溧阳，扶风豪士为人爽朗，与李白意气相投，二人常常一起饮酒。

李白的老朋友，"饮中八仙"之一的张旭恰好也在溧阳。张旭听闻李白到了溧阳，就马上约了他一起喝酒。李白与张旭是多年酒友，李白身在长安时，就常常与张旭、贺知章、崔宗之等人饮酒作乐，如今再见，"挥毫落纸如云烟"的张旭已年近古稀，李白也不再是长安城里"天子呼来不上船"的酒中仙，可叹世事无常，相逢别离都只在一瞬之间。

然而无论是李白，还是张旭，都不是顾影自怜之人，诗仙与草圣的潇洒从不在于表面，而在于强大的内心。李白作了一首《猛虎行》以赠老友，诗中说道："贤哲栖栖古如此，今时亦弃青云士。有策不敢犯龙鳞，窜身南国避胡尘。"李白坦言自己困于时局，在南方避难，但壮志不改，只待时机一到，便可一飞冲天。

"丈夫相见且为乐，槌牛挝鼓会众宾。我从此去钓东海，得鱼笑寄情相亲。"诗的最后，李白安慰老友相见不易，还是珍惜眼下的时光，快乐一时吧。

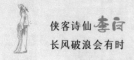

诗歌欣赏

奔亡道中五首·其五

李白

淼淼望湖水，青青芦叶齐。

归心落何处，日没大江西。

歇马傍春草，欲行远道迷。

谁忍子规鸟，连声向我啼。

赏　析

《奔亡道中五首》是李白的组诗作品。这组诗描述了战乱之中人们的悲惨遭遇，表现了诗人对战争的反感、厌倦之情和对和平的渴望。

本诗是这组诗里的最后一首。前半部分写景，描写诗人在奔逃途中的所见之景，后半部分抒情，表达诗人心中的悲伤与迷茫。

王国维先生有言曰："一切景语皆情语。"本诗前半部分，以湖水、芦叶、落日等景色来烘托悲凉的氛围，为后面的情感表达作铺垫。湖水淼淼，芦叶青青，日落江上，诗人以开阔的景色衬托内心的迷茫，表达自己不知归处的悲哀。

最后一句，诗人用子规鸟切入，"子规"是诗中的常见意象，象征着思乡之情。诗人用子规的叫声来增添环境中的凄凉之感，表现自己的哀伤和对家乡的思念之情。

避难庐山，壮志犹存

　　长期的奔逃让李白身心俱疲，为了寻得一处安身之所，他带着妻子躲进了庐山。

　　李白曾数次到庐山游玩，对庐山之景十分喜爱。庐山东临鄱阳湖，北枕长江水，山脉连绵，怪石嶙峋，风光秀丽。以往登临庐山，李白总为庐山之景所惊叹，心情也十分愉悦、闲适，往往流连忘返，不亦乐乎。

　　而此次避难山中，他心里一片颓唐，久久提不起精神。闭上眼睛，他总能想到战火熊熊、百姓流离失所的画面，耳边也时不时响起战马嘶鸣之声……很长一段日子里，他食不知味，夜不能寐。

　　避难庐山，是不得已的事情。在李白的想象中，他早已无数次奔赴向战场，和敌军激烈拼杀，直至力竭。然而现实总叫人无奈，他不得不蛰伏于此，痛苦地等待着投身军旅、上阵杀敌的机会。

几个月后，永王的幕僚韦子春深入庐山，寻访李白。李白心动了，还以为上天听到了他的心声，真的赐予了他一偿夙愿的机会。然而，很久后李白才明白，韦子春带来的并非机遇，而是一场巨大的灾难……

卷入永王之乱

就在李白隐居山中、等待机遇之时，大唐朝廷的局势已是风谲云诡，明争暗斗不断。

暗潮汹涌

杨国忠与杨玉环去世后，唐玄宗仓皇入蜀。太子李亨并没有与皇帝同行，而是动身前往灵武（今宁夏灵武市）。

天宝十五年（756年）七月，太子李亨抵达灵武。不久之后，李亨便在灵武登基称帝，史称唐肃宗。李亨改年号为至德，将玄宗尊为太上皇。

李亨登基后，立即整顿兵马，准备讨伐叛军。就在这时，唐玄宗第十六子永王李璘途经九江，听说了李白在庐山隐居，便希望招李白为幕僚。

据《旧唐书·永王璘传》所载，玄宗曾任命李璘为山南东路、岭南、黔中、江南西路四道节度使，坐镇江陵。却不想，李璘竟欲占据江陵，为一方霸主。当时，李璘在江陵大肆招兵买马，扩充自己的势力，而唐肃宗正忙着讨伐叛军，便给了李璘发展的机会。

陷入纷争

永王派出幕僚韦子春前往庐山拜访李白，韦子春以平定叛乱为由，邀请李白加入永王的队伍。李白本就心怀壮志，在韦子春多次拜访后，不由心动，想要离开庐山，为永王效力。身在山中的李白并不知道李璘的野心，无意中被卷入了唐肃宗与永王的斗争漩涡。

李白离开庐山前，为了安慰夫人宗氏，特作《别内赴征三首》，让夫人安心。《别内赴征三首·其二》曰：

> 出门妻子强牵衣，问我西行几日归。
> 归时倘佩黄金印，莫学苏秦不下机。

苏秦是战国时期著名的纵横家、谋略家，李白以苏秦自比，表示

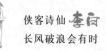

自己一定能建功立业，功成名就。李白还作了一首诗赠与韦子春，诗云："留侯将绮里，出处未云殊。终与安社稷，功成去五湖。"（《赠韦秘书子春二首·其二》）李白说，自己愿意辅佐永王，成一番事业，之后便可功成身退，隐逸山中。由此可见，李白始终是那个想要"事了拂衣去，深藏身与名"的李白。

李白随韦子春前去见永王，永王十分高兴，大摆宴席，欢迎李白的加入。就在永王为李白的加入而高兴之时，唐肃宗的旨意到了。肃宗要求李璘入蜀，但李璘拒绝了。李璘不愿意回到蜀地，更不愿意交出兵权，他想要发动兵变，占据江陵一带。

至德元年（756 年）十二月，唐肃宗任命高适为淮南节度使，与韦陟、来瑱等人合作，平定江淮之乱。高适、韦陟等人在安陆会师，准备讨伐李璘。

危机将至

唐肃宗至德二年（757 年）正月，安禄山被其子安庆绪所杀，长达一年多的安史之乱终于迎来了转机。得知这一消息的李白异常兴奋，他觉得自己终于等来了机遇，马上就可以随着永王征讨叛军，建功立业了。

然而，事实上，当时永王的军队与高适、韦陟等人所率领的军队即将开战，外界早已将李白纳入叛军的行列，而李白对自己的危险处境毫不知情。

充满豪情的李白为了表达对永王的欣赏，作了《永王东巡歌十一首》，这些诗也成了日后人们指责李白站队永王的关键证据。李白在《永王东巡歌十一首·其十一》中写道：

> 试借君王玉马鞭，指挥戎虏坐琼筵。
> 南风一扫胡尘静，西入长安到日边。

李白在诗里说，希望永王能够给自己施展才华的机会，让自己来指挥军队。这里的"借君王玉马鞭"就是希望永王能够将权力下放给自己，让自己能够为主君分忧，出谋划策。

"坐琼筵"是指对敌胜利后的宴席，从这里可以看出李白虽然已至暮年，但他对自己的才能依然很有自信，乐天派的李白依然在憧憬自己打败敌军后的场面，想象着自己指挥军队获得胜利，坐在筵席上和将士们推杯换盏的场景。

"西入长安到日边"是指战争结束之后，向皇帝述职。由此可见，李白的确不知道永王的反叛之意，他一直以为永王是受命于皇帝对抗安禄山所领导的叛军的。

悲愤逃亡

至德二年（757年）二月，永王李璘兵败逃走。就在李璘逃走后不久，他麾下的将士们也四散而逃，李白也在其中。李白曾在《永王东巡歌十一首·其二》中写道："但用东山谢安石，为君谈笑静胡沙。"李白认为自己会如同淝水之战的谢安一样，运筹帷幄，决胜千里。然而，随着永王的战败，李白的梦想最终破碎了。

李白一路南逃，在逃亡路上，他苦闷不已，深觉自己受人蒙骗，才会为永王效力。但此时再多的懊悔也无济于事了，他所写的那些诗，那些歌颂永王的诗，或许早已传遍大江南北，甚至被皇帝知晓。

"千岩烽火连沧海，两岸旌旗绕碧山""战舰森森罗虎士，征帆一一引龙驹"，李白曾这样大张旗鼓地夸赞永王的军队，甚至用了"诸侯不救河南地，更喜贤王远道来"这样的诗句赞颂永王的贤德。无论如何，李白都已无法全身而退了。

李白别无他法，只能继续写诗，他希望有人能看到他的诗，希望皇帝谅解他所犯下的错误。于是，他写了《南奔书怀》（节选）：

> 侍笔黄金台，传觞青玉案。不因秋风起，自有思归叹。
>
> 主将动谗疑，王师忽离叛。自来白沙上，鼓噪丹阳岸。
>
> 宾御如浮云，从风各消散。舟中指可掬，城上骸争爨。
>
> 草草出近关，行行昧前算。南奔剧星火，北寇无涯畔。
>
> 顾乏七宝鞭，留连道傍玩。太白夜食昴，长虹日中贯。

秦赵兴天兵，茫茫九州乱。感遇明主恩，颇高祖逖言。

过江誓流水，志在清中原。拔剑击前柱，悲歌难重论。

李白在诗中说，永王曾奉玄宗的命令抗敌，因而在见到永王招兵买马的情景时，李白并未疑心其他，只觉得合情合理。并且永王给了李白施展才华的机会，让他"侍笔黄金台"，正因如此，李白一开始对永王充满感激之情，觉得自己应当报答永王的知遇之恩。

李白在随永王东行的时候也有过归乡的念头，因而有"自有思归叹"之句。但李白还没来得及辞行，征讨叛军的战鼓就在丹阳响起，永王麾下的将士们四散而去。

李白"草草出近关"却不知前往何处，心中一片茫然，只能在诗中证明自己的清白："过江誓流水，志在清中原。"

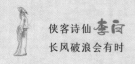
诗歌欣赏

在水军宴赠幕府诸侍御

李白

月化五白龙，翻飞凌九天。

胡沙惊北海，电扫洛阳川。

虏箭雨宫阙，皇舆成播迁。

英王受庙略，秉钺清南边。

云旗卷海雪，金戟罗江烟。

聚散百万人，弛张在一贤。

霜台降群彦，水国奉戎旃。

绣服开宴语，天人借楼船。

如登黄金台，遥谒紫霞仙。

卷身编蓬下，冥机四十年。

宁知草间人，腰下有龙泉。

浮云在一决，誓欲清幽燕。

愿与四座公，静谈金匮篇。

齐心戴朝恩，不惜微躯捐。

所冀旄头灭，功成追鲁连。

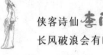
赏 析

这首诗是李白为永王所作，既写出了永王军队的勇猛，也表达了自己报国的志向。

开头六句主要写安禄山所率领的叛军的嚣张气焰，"胡沙惊北海，电扫洛阳川"两句突出战事的焦灼。

之后六句写永王率军南下，其军队勇猛异常。"云旗卷海雪，金戟罗江烟"两句，写出了军队的雄壮气势。诗人在此赞扬永王率军平定战乱，公正严明。

接下来六句说明永王麾下人才众多，而诗人自己感觉"如登黄金台"，表达了诗人对永王任用自己的感谢之情。

最后，诗人以"不惜微躯捐""功成追鲁连"之句表达了自己报国建功的决心。

身陷囹圄，饱尝炎凉

李白一路逃亡，狼狈不堪。尽管如此，还是被追兵抓获，被关押到了浔阳（今江西九江）的监狱中。昔日的"谪仙人"一朝入狱，成了阶下囚。

写诗明志

李白不甘心就这样在狱中度过余生。于是，他开始疯狂写诗，在诗中表达自己的冤屈，四处求助。

他写下《系浔阳上崔相涣三首》《上崔相百忧章》等诗，向宰相崔涣求救，他在诗里诉说自己的冤屈，希望宰相能够为他昭雪，免除他的罪名。

在《系寻阳上崔相涣三首·其二》中，李白写道：

> 毛遂不堕井，曾参宁杀人。
>
> 虚言误公子，投杼惑慈亲。
>
> 白璧双明月，方知一玉真。

他的这首诗一改往日的瑰丽风格，语言平实，大量用典，以表达自己的悲愤之情。

第一个典故是"毛遂堕井"。赵国有一个叫毛遂的人掉进井里淹死了，平原君赵胜的门客听说了这件事，便以为是同为平原君门客的那个毛遂死了，便将这件事告诉了平原君，最后才发现，淹死的毛遂并非平原君的门客毛遂，这是个乌龙。

第二个典故是"曾参杀人"。曾参的老家有一个和他同名同姓的人，一天，那个曾参杀人了，有人便说是孔子的学生曾参杀人了。一开始，曾参的母亲不相信自己的儿子杀了人，但随着散播谣言的人越来越多，她也相信了谣言。

李白连用两个典故来说明谣言不可信。他希望宰相能够查清真相，相信自己，而不是被漫天的谣言所迷惑。

除了当朝宰相，李白还向其他官员写诗求助，《万愤词投魏郎中》便是其中之一。他在诗中写自己的凄惨，"恋高堂而掩泣，泪血地而成泥。狱户春而不草，独幽怨而沉迷"；写自己的悲号，"好我者恤我，不好我者何忍临危而相挤"；也写自己的清白，"傥辨美玉，君收白珪"。

身在狱中的李白究竟写了多少首诗，我们不得而知。然而，这些诗足以证明，纵使身处绝境，李白也不曾停止自救。他站在生死的边缘，无数次地提笔，不间断地尝试，试图拯救自己于水火之中。李白眼中的火光，从不曾熄灭。

夫妻情深

除了写诗给各地官员，李白也曾写诗给他的妻子宗氏。李白入狱后，宗氏为了他上下奔走，不断托关系求人，希望能够救他出来。对此，李白深受感动，但又心酸不已。他既感慨妻子的情深不移，也心疼妻子的辗转奔波。于是，李白写下了这首《在浔阳非所寄内》：

闻难知恸哭，行啼入府中。

多君同蔡琰，流泪请曹公。

知登吴章岭，昔与死无分。

崎岖行石道，外折入青云。

相见若悲叹，哀声那可闻？

东汉才女蔡文姬的丈夫董祀犯了死罪，蔡文姬去找曹操，为丈夫求情。当着满堂宾客的面，蔡文姬叩首请罪，声泪俱下，诉说丈夫的苦衷。最终，蔡文姬的行为感动了曹操，曹操赦免了董祀。李白以蔡文姬为丈夫求情的典故类比妻子，说妻子大概会同蔡文姬一样，为了自己，哭着向他人求情。

李白很少谈及爱情，然而此刻，在浔阳的狱中，他深刻地感受到了爱情的力量。他猜测着妻子可能遭受的奚落和白眼，猜测着妻子奔波在路上的辛苦，身在狱中的他别无他法，只能用笔墨记下妻子的深情。

月光透过窗子的缝隙照在李白的身上，万籁俱静，只有诗人的哀叹。这时候，除了妻子，又有谁在乎牢狱之中诗人的清白。

旧友难托

李白写了很多诗，向很多人求助，却始终杳无音讯。曾经朋友遍天下的诗仙，也有求告无门的时候。李白在最落魄的时候深深地体会到了什么是世态炎凉、人心多变。

李白在狱中写下了《笺筱谣》："他人方寸间，山海几千重。"有些人虽然表面上和你很亲密，你却并不真正地了解他，和这些人相交的时候，就如同隔着山海。

万般无奈之下，他想到了曾经的朋友、如今身份显赫的高适。天宝三年（744 年），李白、高适与杜甫曾一同漫游梁宋，那时候，他们整日在一起喝酒、吟诗、游玩、畅聊人生。彼时，他们还是同样找不到出路的伙伴。而如今，高适已经是封疆大吏，而李白身陷囹圄。

恰好李白的朋友张秀才来狱中看望他，他便写了一首《送张秀才谒高中丞》，托张秀才将诗带给高适。李白在诗中说："高公镇淮海，谈笑却妖氛。采尔幕中画，戡难光殊勋。我无燕霜感，玉石俱烧焚。但洒一行泪，临歧竟何云。"

李白称高适为高公，说他在谈笑间就解决了江陵的纷争，夸赞他功勋卓著。而李白自己呢？无处申冤，以泪洗面。

李白写了诗后，便在狱中期盼着朋友的相助。然而这世上之事，总是不能尽如人意。李白并没有等来高适的求情，这首诗也没能等来相和的另一首诗。

意外之喜

高适始终没有回复李白，李白在漫长的等待中也逐渐放弃了希望。就在李白几乎要认命的时候，他偶然得知时任宣城太守的朋友宋之悌的儿子宋若思刚好路过浔阳。大概是秉着不放弃任何希望的意思，李白也向宋若思投了诗。让李白意外的是，这个没有见过面的朋友的儿子，真的将李白救了出来。

在这场营救李白的行动中，还有一个人也发挥了巨大的作用，那就是当时的宰相崔涣。或许是李白的诗最终感动了他，又或许是其他原因，总之，崔涣和宋若思联手将李白带出了浔阳监狱。

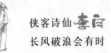
　　出狱之后，李白便入了宋若思的幕府，为宋若思写文书。为了报答宋若思的恩情，李白连写了《为宋中丞请都金陵表》和《为宋中丞自荐表》两篇文章。

　　李白在《为宋中丞请都金陵表》中说，希望朝廷迁都金陵："去扶风万有一危之近邦，就金陵太山必安之成策。"

　　《为宋中丞自荐表》则是李白写的一封"自荐信"。李白借着宋若思的名义，夸赞自己的才华："文可以变风俗，学可以究天人，一命不沾，四海称屈。"他希望皇帝能够看见自己的才华，并委以重任。

　　宋若思将李白的这两篇文章呈给了皇帝，然而，李白等来的不是大展宏图的机会，而是流放夜郎（今贵州桐梓）的消息。

流放苦旅，山水寄情

很久以前，李白听闻好友王昌龄被贬龙标（今湖南洪江），万分忧心，写下"我寄愁心与明月，随风直到夜郎西"之句，以安慰好友。那时候，在李白的心里，"夜郎"只是蛮荒之地的代称，而如今，"夜郎"却成了李白的流放之地。李白即将用自己的脚步亲自丈量浔阳与夜郎之间的距离。

李白年轻时，好漫游天下，足迹遍布名山大川。那时候，他还是陶醉于金陵酒肆里的潇洒诗人，是徜徉在江南水乡里的江湖游侠，那时候的月亮是明亮的，江水是开阔的。而现在，江水依旧，李白却老了。

李白到达江夏时，遇到了同样被贬的史郎中，二人在黄鹤楼喝酒，聊得颇为投机。李白感叹二人命途多舛，写下了《与史郎中钦听黄鹤楼上吹笛》一诗：

一为迁客去长沙，西望长安不见家。

黄鹤楼中吹玉笛，江城五月落梅花。

李白说自己被流放夜郎，恐怕再难有被重用之日，昔日渴望的功名统统化为云烟。他站在黄鹤楼上，看着脚下的滔滔江水，顿感哀伤。恰好这时，他听到有人在用竹笛吹奏《梅花落》，笛声哀婉动听，令他更感悲愁。

离开江夏后，李白继续前行。在沔州（今湖北汉阳）遇到了朋友张谓。张谓看到流放途中风尘仆仆、满身疲惫的李白，感慨万千，便邀请李白游湖赏花，希望李白借此机会排解心中的沉郁之情。李白感激朋友让自己暂时从流放的苦旅中脱身，便写了一首《泛沔州城南郎官湖》。

郎官湖本名为莲花湖，李白在序中交代了为此湖改名的原因："乾元岁秋八月，白迁于夜郎，遇故人尚书郎张谓出使夏口。……张公殊有胜概，四望超然，乃顾白曰：'此湖古来贤豪游者非一，而枉践佳景，寂寥无闻。夫子可为我标之嘉名，以传不朽。'白因举酒酹水，号之曰郎官湖，亦由郑圃之有仆射陂也。"

张谓说莲花湖一直以来寂寂无闻，不如给它改一个名字，好让它被天下人知道，李白笑道："既是尚书郎喜欢的湖泊，不如就叫作'郎官湖'。"诗云："郎官爱此水，因号郎官湖。风流若未减，名与此山俱。"李白为莲花湖改名"郎官湖"，也是想要表达对朋友的感激之情。

李白的流放之路十分艰苦，一路上，他风餐露宿，疲惫不堪。但好在时常有朋友接济，李白的流放之旅不致过于狼狈。偶尔，李白也会为自己的境遇感伤，但他终究生性豁达，只要有诗有酒有朋友，他就能够自得其乐，暂时忘却痛苦。

就这样一路走走停停，李白来到了三峡一带。三峡是长江最为艰险的一段，李白看着湍急的江水和高耸入云的山峰，觉得十分压抑。流亡途中，疲惫不堪的李白在此写下了《上三峡》一诗。

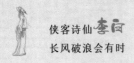
诗歌欣赏

上三峡

李白

巫山夹青天，巴水流若兹。

巴水忽可尽，青天无到时。

三朝上黄牛，三暮行太迟。

三朝又三暮，不觉鬓成丝。

赏　析

　　《上三峡》是李白流放夜郎途中所写的诗，全诗虽然弥漫着一股愁苦之情，却意境开阔，给读者留下深刻的印象。

　　本诗前四句写景，后四句抒情，由景入情，十分自然。诗的前四句描绘了三峡一带山峰高耸入云，遮天蔽日，几乎看不见蓝天。"青天无到时"之句可见诗人的愁苦与无奈。

　　在诗的后四句，诗人感叹逆水行船之艰难，船行缓慢，迟迟不能渡过三峡这一片水域。这里也暗指诗人旅途艰辛，劳苦奔波，因此苍老了许多。"不觉鬓成丝"一句将诗人的愁苦心情表现得淋漓尽致。这里，诗人所愁之事，也不仅是被困于此，更多的还是自己的羁旅愁苦。

赦书突至，喜从天降

乾元二年（759 年），李白行至夔州（今重庆奉节）。既然已经到了夔州，自然要去雄伟壮丽的白帝城。白帝城在白帝山上，西汉末年，公孙述组织兵马在白帝山上筑城。城中有一口井，时常冒出白气，宛若白龙飞天。人们认为这是祥瑞之兆，便将这座城取名为白帝城。公孙述死后，城中的人们为他建了庙，便称白帝庙。

李白在白帝城游览休息的时候，得到了一个消息：朝廷大赦天下，李白也被赦免了。得到这个消息的李白兴奋异常，他提笔便书"轻舟已过万重山"。

李白这一路走来，看过了战争的残酷，目睹了百姓的辛酸，有过"扶摇直上九万里"的壮志，也有过"西望长安不见家"的哀愁，经历了逃亡的狼狈，体会了牢狱的艰辛，走过了漫长的流亡之路。终于，在山高水阔的白帝城，他再一次看到了希望。

此时的李白已经快六十岁了，连日的奔波让他十分疲惫。但他并不在意，他只想要乘舟远去，看江水浩荡，青山悠悠。

　　那些曾经以为走不出的困苦，如今都已经过去了，回头看，轻舟已过万重山。

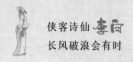
诗歌欣赏

早发白帝城

李白

朝辞白帝彩云间，千里江陵一日还。

两岸猿声啼不住，轻舟已过万重山。

赏　析

　　《早发白帝城》作于李白听闻自己被赦免之时，表达了诗人的愉悦心情。

　　这首诗描写了白帝城到江陵一段的风光。诗人顺流而下，船行驶的速度很快，因此，早上离开白帝城，晚上就到了江陵，诗人用夸张的写法来表达自己归家的迫切心情。而后，又用"彩云"来描绘云雾缭绕的景色，表达自己轻松愉快的心情。

　　最后两句，诗人以哀景衬乐情。猿猴的叫声原本会给人以凄凉之感，诗人此刻却感觉不到，可见诗人的兴奋之情。两岸猿猴的啼声还回荡在耳边，诗人就已经乘着小舟远去了。诗人用"轻舟"和"万重山"形成对比，表示自己已经走过了重重困境，如今，回望来时路，可淡然处之。

第七章

万古流芳：古来圣贤皆寂寞

经历乱世流离后，李白重新投身于天地间，他在江夏浪漫欢歌，在洞庭湖上与好友畅饮，继而又投身军旅从军杀敌，可惜因病折回，后又北上当涂投奔族叔，晚年的李白仍旧在路上漂泊着，最终带着对自由的向往在异乡的寓所与世长辞。从此，世间再无诗仙李白，唯有宏伟诗篇和传奇故事传颂于后世。

行至江夏，骤逢友人

流放夜郎途中遇赦，重获自由后的李白在江夏（今湖北武汉市武昌一带）遇到了昔日好友，心中十分欢喜。刚刚经历了人生的大起大落，曾经一身锐气的李白此时心中多了几分沧桑和忧愁。

游历江夏，寄情江夏

李白曾多次来到江夏，这里是李白与好友多次相聚、偶遇、别离之地。

唐玄宗开元二十二年（734 年），李邕回乡祭祖，邀请李白到江夏小聚，二人结伴同游，自在闲适。闲游中遇商人妇，李白感其遭

遇，写下可媲美《长干行》的《江夏行》，以女子口吻述夫妻别离
之苦：

> 忆昔娇小姿，春心亦自持。
>
> 为言嫁夫婿，得免长相思。
>
> 谁知嫁商贾，令人却愁苦。
>
> 自从为夫妻，何曾在乡土？
>
> 去年下扬州，相送黄鹤楼。
>
> 眼看帆去远，心逐江水流。
>
> 只言期一载，谁谓历三秋。
>
> 使妾肠欲断，恨君情悠悠。
>
> 东家西舍同时发，北去南来不逾月。
>
> 未知行李游何方，作个音书能断绝。
>
> 适来往南浦，欲问西江船。
>
> 正见当垆女，红妆二八年。
>
> 一种为人妻，独自多悲凄。
>
> 对镜便垂泪，逢人只欲啼。
>
> 不如轻薄儿，旦暮长相随。
>
> 悔作商人妇，青春长别离。
>
> 如今正好同欢乐，君去容华谁得知？

　　如此看来，李白性情豪爽，却也有敏感地捕捉到他人情感、多愁
善感的一面，也反映了李白心中的友善与真诚。

李白在江夏游历时期，遇到晚年被贬交趾（今越南境内）而途经江夏的宋之悌，得知好友的遭遇，心中无限伤悲，写下一首《江夏别宋之悌》送别友人，诗中，他感慨好友将赴遥远的海域之地，自己与好友将远别千里之外，鸟兽同悲，不禁泣涕不止：

楚水清若空，遥将碧海通。

人分千里外，兴在一杯中。

谷鸟吟晴日，江猿啸晚风。

平生不下泪，于此泣无穷。

乾元元年（758 年），李邕去世十年后，李白到李邕的故居凭吊好友，看到庭院荒弃、琴堂覆灰的情形，内心十分伤感，作《题江夏修静寺》缅怀李邕：

我家北海宅，作寺南江滨。

空庭无玉树，高殿坐幽人。

书带留青草，琴堂幂素尘。

平生种桃李，寂灭不成春。

江夏，承载了李白的情感，也见证了李白与友人真挚、深厚的情谊。

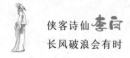
遇赦逢友，回顾人生

乾元元年（758 年），李白流放夜郎的途中经过江夏，好友韦良宰并没有在意李白的戴罪之身，热情地款待了李白，李白感念在心。

次年秋，李白遇赦得归行至江夏，再次与韦良宰相遇，心中感慨万分。

李白回顾自己漫游漂泊、大起大落的一生，人生遭遇不可捉摸，幸得总有友人陪伴在旁，万般情绪诉于笔端，在江夏写下了《经乱离后天恩流夜郎忆旧游书怀赠江夏韦太守良宰》一诗（节选）：

> 天上白玉京，十二楼五城。
>
> 仙人抚我顶，结发受长生。
>
> 误逐世间乐，颇穷理乱情。
>
> …………
>
> 清水出芙蓉，天然去雕饰。
>
> 逸兴横素襟，无时不招寻。
>
> 朱门拥虎士，列戟何森森。
>
> 剪凿竹石开，萦流涨清深。
>
> 登台坐水阁，吐论多英音。
>
> 片辞贵白璧，一诺轻黄金。
>
> 谓我不愧君，青鸟明丹心。
>
> 五色云间鹊，飞鸣天上来。

传闻赦书至，却放夜郎回。

暖气变寒谷，炎烟生死灰。

君登凤池去，忽弃贾生才。

桀犬尚吠尧，匈奴笑千秋。

中夜四五叹，常为大国忧。

旌旆夹两山，黄河当中流。

连鸡不得进，饮马空夷犹。

安得羿善射，一箭落旄头。

在这首自传体长诗中，李白讲述了年少时求仙、交友，后来流放夜郎的经历，同时表达了对友人"勿弃贾谊"之才的劝谏，阐述了自己"中夜四五叹，常为大国忧"的忧国情感和渴望政治清明的夙愿，并抒发了自己不得志的感慨。

曾经追求修道成仙的李白，过着自由自在的漫游生活，他始终想着能一鸣惊人，经历了在长安的无限风光后，又经历千里流放的委屈，一朝遇赦，李白仍怀有入仕安济天下之心，可惜的是，李白终究不属于朝堂。

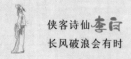

诗歌欣赏

江夏赠韦南陵冰

李白

胡骄马惊沙尘起，胡雏饮马天津水。

君为张掖近酒泉，我窜三色九千里。

天地再新法令宽，夜郎迁客带霜寒。

西忆故人不可见，东风吹梦到长安。

宁期此地忽相遇，惊喜茫如堕烟雾。

玉箫金管喧四筵，苦心不得申长句。

昨日绣衣倾绿尊，病如桃李竟何言。

昔骑天子大宛马，今乘款段诸侯门。

赖遇南平豁方寸，复兼夫子持清论。

有似山开万里云，四望青天解人闷。

人闷还心闷，苦辛长苦辛。

愁来饮酒二千石，寒灰重暖生阳春。

山公醉后能骑马，别是风流贤主人。

头陀云月多僧气，山水何曾称人意？

不然鸣笳按鼓戏沧流，呼取江南女儿歌棹讴。

我且为君槌碎黄鹤楼，君亦为吾倒却鹦鹉洲。

赤壁争雄如梦里，且须歌舞宽离忧。

赏 析

李白流放夜郎，途中遇赦放还，行至江夏，骤逢友人，心中万般情感一泻而出，便有了这首有惊喜有悲愤的激昂诗篇。

本诗首句至"苦心不得申长句"，采用倒叙的方法，描写好友远赴张掖，自己则被流放夜郎的事情，本来想着与友人再难相见了，竟意外获赦，惊喜之余再遇长安故人，真是惊喜之余又有惊喜，仿佛做梦一般。

从"昨日绣衣倾绿尊"到"四望青天解人闷"，写友人对自己的宽慰，友人的话让李白"有似山开万里云"，令他心中的愁苦被驱散了许多。

"人闷还心闷"至诗的尾句是李白对现实遭遇的思考。他借酒消愁，却无法排解心中苦悲，想到晋朝山简镇守襄阳，酩酊大醉尚能骑骏马奔驰，反观自己毫无闲适之感，有心去畅游山水，但看到江夏苦行的僧人也便没有了兴趣。心中的愁苦到底该如何排解呢？不如乘船飘游，歌舞取乐，再也不要去想曾经的理想和追求了。李白在诗中呐喊道，要和好友一起"槌碎黄鹤楼""倒却（推倒）鹦鹉洲"，所有的梦想都随它去吧，不如沉醉歌舞中，用歌舞麻痹自己。字里行间透露出无法排解心中苦闷的无力感，以及对现实遭遇的愤恨。

这是一首政治抒情诗，李白在诗中追述了自己蒙受冤屈入狱和流放的遭遇，也写了得遇长安故人的意外惊喜，抒发了对人生起落、世事无常的感慨，诗中有对自我人生的控诉，也有对时代悲剧的思考。整首诗情绪丰富、饱满，读来慷慨激昂、荡气回肠。

同游洞庭，醉客满船歌白苎

　　离开江夏后，李白来到洞庭湖，洞庭美景治愈了李白遭受流放和别离苦楚的心。李白与好友欢聚，同游洞庭湖上，潇洒如斯、风流倜傥的李白似乎又回来了。在这里，李白与好友度过了他这一生最后的一段欢愉时光。

　　李白来到岳阳，遇到了好友夏十二，便与夏十二一起到岳阳楼登高望远，俯瞰洞庭湖，看大雁高飞、山间落月、云卷云舒，再迎着凉风与好友畅饮，顿时乐以忘忧，作《与夏十二登岳阳楼》一诗，记录下当时欢畅的心情：

　　　　　　楼观岳阳尽，川迥洞庭开。

　　　　　　雁引愁心去，山衔好月来。

云间连下榻，天上接行杯。

醉后凉风起，吹人舞袖回。

此后不久，李白又遇到了好友李晔与贾至，三人相约同游洞庭湖，在游船之上欢饮达旦，一醉方休。

李晔、贾至与李白一样，都是有才情、有志向的人，也和李白一样仕途不顺，三人相约同游洞庭湖上，将烦忧之事全部抛之脑后，全身心地沉醉在洞庭湖的湖光山色中，实在是潇洒自在。

有好友相伴，有美景可赏，有美酒畅饮，李白不禁诗兴大发，洋洋洒洒写下五首诗，即《陪族叔刑部侍郎晔及中书贾舍人至游洞庭五首》，其一称赞洞庭秋色，其二描写洞庭月夜，其三回忆昔日风光，其四笑谈醉客满船，其五咏叹洞庭美景，喜悦之情，溢于言表，好不畅快：

其一

洞庭西望楚江分，水尽南天不见云。

日落长沙秋色远，不知何处吊湘君。

其二

南湖秋水夜无烟，耐可乘流直上天？

且就洞庭赊月色，将船买酒白云边。

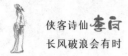
其三

洛阳才子谪湘川，元礼同舟月下仙。

记得长安还欲笑，不知何处是西天？

其四

洞庭湖西秋月辉，潇湘江北早鸿飞。

醉客满船歌白芷，不知霜露入秋衣。

其五

帝子潇湘去不还，空余秋草洞庭间。

淡扫明湖开玉镜，丹青画出是君山。

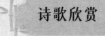

陪族叔刑部侍郎晔及中书贾舍人至
游洞庭五首·其二

李白

南湖秋水夜无烟，耐可乘流直上天？

且就洞庭赊月色，将船买酒白云边。

赏　析

　　这首诗是李白与好友同游洞庭湖时所作，因洞庭湖在岳州（今湖南岳阳市）西南，因此诗中将洞庭湖称为"南湖"。

　　本诗写洞庭湖月色，虽然并未写洞庭湖月色的实景，却将洞庭湖的月色描写得异常美妙。

　　诗的前两句虚写湖面美景，美丽的洞庭湖上无雾无烟，如幻如梦，犹如仙境，不禁让人想要踏洞庭而上九霄去天上做个悠闲的仙人。诗人利用想象的手法写洞庭湖色令人痴迷。

　　诗的后两句为千古佳句，洞庭湖色醉人，让人舍不得成仙离去。湖光、月色、清风等美好景色和事物都是无价的，让人不禁想要时刻拥有，这里李白用了一个"赊"字，写出对洞庭月色的喜爱，再接"买酒白云边"的畅想，写洞庭湖面辽阔，直接天际云边，"买"与"赊"相对，写出了大自然赏赐美景的慷慨和自己对洞庭月色的贪恋。

　　整体来看，本诗语言精妙，意境玄妙，即景发兴，具有丰富的艺术想象，是诗仙李白的代表作之一。

山穷水尽，投奔李阳冰

李白自仗剑天下，"乘舟离蜀，出三峡，南游洞庭，居安陆，达当涂"后，先后曾多次来到当涂（今安徽马鞍山市当涂县）。后来，从军因病折回后，李白疾病缠身，无处可去，只好就近投奔在当涂的族叔李阳冰。

请缨从军，因病折回

李白在江夏逗留了一段时间后，决定去豫章（今江西南昌）与妻子团聚，此时距李白流放夜郎与妻子告别已有两年多光景，加上路上耽误了些时间，也该尽快回家探望了。

李白行至豫章时正值冬季，各地因安史之乱战争不断，叛军残余势力尚存，各地仍在不断征兵，豫章也不例外，城内城外一片萧条与凄凉。

　　走在毫无生机的豫章城内，李白遇到即将出征的士兵们与亲人告别，连年的战争导致此处几乎无兵可征，即将出征的士兵中有许多年老者和年幼者，告别的人群中传出的哭喊声响彻天地。见此情景，李白不禁心中悲痛，他既同情无辜的百姓，又希望新兵们能在战场英勇作战，争得天下太平。李白用一首《豫章行》写尽离别苦、战事苦、杀敌苦，将自己对百姓的同情、对战事的厌恶、对新兵奋勇杀敌的慷慨激昂的鼓励等表达得淋漓尽致：

> 胡风吹代马，北拥鲁阳关。
>
> 吴兵照海雪，西讨何时还？
>
> 半渡上辽津，黄云惨无颜。
>
> 老母与子别，呼天野草间。
>
> 白马绕旌旗，悲鸣相追攀。
>
> 白杨秋月苦，早落豫章山。
>
> 本为休明人，斩虏素不闲。
>
> 岂惜战斗死？为君扫凶顽。
>
> 精感石没羽，岂云惮险艰？
>
> 楼船若鲸飞，波荡落星湾。
>
> 此曲不可奏，三军鬓成斑。

　　唐肃宗上元二年（761 年），叛军内乱，各地纷争不断，同年，名将李光弼奉命出镇临淮，攻打叛军，后捷报频传。见战事好转，李白大喜，虽年逾花甲，但仍决定投奔李光弼，请缨从军杀敌。

李白在赶往李光弼驻军的路途中，行至金陵，生了一场病，实在无法继续前行，因病折回。

北上当涂，投奔族叔

体弱而又穷困潦倒的李白无处可去，遂决定北上当涂投奔族叔李阳冰，这是李白第七次也是最后一次来当涂，当涂也成为李白人生旅途中的最后一站。

李阳冰是李白的同族堂叔，时任当涂县令。在《献从叔当涂宰阳冰》这首诗中，李白称赞李阳冰是个淡泊名利、有英杰豪气、人缘极好的人："吾家有季父，杰出圣代英。虽无三台位，不借四豪名。激昂风云气，终协龙虎精。弱冠燕赵来，贤彦多逢迎。鲁连善谈笑，季布折公卿。"李白还称赞李阳冰书法好、谈吐好、诗文好："落笔洒篆文，崩云使人惊。吐辞又炳焕，五色罗华星。秀句满江国，高才掞天庭。"正是这样一位温和、有才的族叔，给予了李白的晚年生活许多帮助。

唐代宗宝应元年（762 年），李白病重，他在病榻上将自己的诗稿委托给李阳冰整理成集，李阳冰接受重托，将李白的诗文辑成《草堂集》十卷并作《序》："临当挂冠，公又疾亟，草稿万卷，手集未修。枕上授简，俾予为序。"后来，李阳冰卸任离开当涂，离任当涂前寻到李白的儿子李伯禽，李白在儿子的陪伴下继续在当涂寓居。

临终绝笔，大鹏飞兮振八裔

李白寓居当涂，身患重病，精气神大不如从前，虽在病中也曾游览当涂及附近美景，但更多时候饱受疾病折磨。

李白在当涂的晚年时光中，儿子李伯禽一直陪伴在身旁，这让李白虽晚年客居异乡，但不至于孤苦无依，也有心情在天气不错时出门走走、饮酒取乐："醉罢弄归月，遥欣稚子迎。"酒醉之后迎着月色归来，能看到儿子在门口等自己，这对李白来说，是晚年生活中虽平凡但非常幸福的事情。

随着病情日益加重，李白自知时日不多，愁苦渐增，先后写下《笑歌行》《悲歌行》《临路歌》等诗歌抒发对社会和人生的感慨，《临路歌》更成为李白的临终绝笔。

唐代宗宝应元年（762 年）冬，李白病逝，初葬于当涂县南的龙山东麓，后迁至青山之阳。

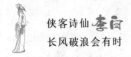
　　李白的诗文由好友魏颢、族叔李阳冰收集在《李翰林集》《草堂集》中而得以流传，后人也基于这两本文集得以窥见千年前那个仗剑去国、傲视天下、携大鹏之志漫游一生的大唐诗仙李白。

诗歌欣赏

临路歌

李白

大鹏飞兮振八裔，中天摧兮力不济。

余风激兮万世，游扶桑兮挂石袂。

后人得之传此，仲尼亡兮谁为出涕？

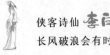

赏　析

　　这首诗是李白去世前写的最后一首诗，为李白绝笔，有学者认为因字音误传，《临路歌》或为《临终歌》。诗中，李白自比大鹏，书写此生绝唱。

　　在李白的诸多诗文中他曾多次自诩大鹏，希望能像大鹏一样"扶摇直上九万里"，奈何即使有过在长安受宠的风光，仍不能实现治国辅政的志愿。晚年病重，仕途愿望终究是不能实现了，这才有了这首为大鹏、为自己写的挽歌。

　　首二句写大鹏奋飞而起雄震八方，却不料中途折翼，因力量不济而没有达到理想的高度。这里使用了比兴的手法，以大鹏奋飞折翼的经历来隐喻李白名扬天下、应召入京，却未得朝廷重用最终请辞放还的经历，字里行间充满了被命运扼住喉咙的悲壮和无奈之感。

次二句写大鹏的遗风应该激荡千秋万世，这是对大鹏的肯定，也是李白对自己的肯定，因为李白自己就是大鹏。李白认为自己此生虽不能实现治国理想，但他的志向和品格应会影响后来人承其遗志。

末二句先写后人得知大鹏逝去的消息后相互告知，后引用孔子泣麟的典故，指出没有谁会像孔子为麒麟痛哭那样为大鹏夭折而流泪了。人一旦死去，就什么也没有了，再也不可能实现志向了，也不会有人能真正理解和铭记逝去的人的志向，表达了李白对志向未得以实现的无限伤感与惋惜，以及对人生的留恋之情。

李白一生追求自由又渴望入仕，怀揣治国理想而终究未能实现，在临终前回顾一生，深觉惋惜而又无可奈何。全诗比兴、用典一气呵成，壮志未酬的悲怆震撼人心。

参考文献

[1] 安旗 . 李白传 [M]. 北京：人民文学出版社，2019.

[2] 卜宪群 . 中国通史：隋唐五代两宋 [M]. 北京：华夏出版社；合肥：安徽教育出版社，2016.

[3] 葛景春 . 李白传 [M]. 成都：四川文艺出版社，2022.

[4] 康震 . 康震讲诗仙李白 [M]. 北京：中华书局，2018.

[5] 课程教材研究所 . 语文（一年级上册）[M]. 北京：人民教育出版社，2001.

[6] 李白，鲍方 . 李白全集 [M]. 上海：上海古籍出版社，1996.

[7] 李长之 . 李白传 [M]. 北京：人民文学出

版社，2022.

[8] 凉月满天．李白传：狂歌走马遍天涯 [M].沈阳：辽宁人民出版社，2020.

[9] 林东海注．李白诗选注 [M].上海：上海远东出版社，2011.

[10] 刘克勤．李白诗词全鉴 [M].北京：中国纺织出版社，2020.

[11] 梅寒．李白传 [M].杭州：浙江人民出版社，2023.

[12] 随园散人．李白传：一生狂笑，半个盛唐 [M].南京：江苏凤凰文艺出版社，2018.

[13] 田梦．纵游沧海一浮生：李白诗传 [M].沈阳：万卷出版公司，2020.

[14] 薛天纬．李白出蜀漫议 [C] // 中国李白研究会．中国李白研究（1997 年集）.合肥：黄山书社，1997.

[15] 游国恩等．中国文学史（修订本）[M].北京：人民文学出版社，2004.

[16] 张春林．屈原、陶渊明、李白、杜甫全集 [M].北京：中国文史出版社，1999.

[17] 赵昌平．李白诗选评 [M].上海：上海

古籍出版社，2019.

[18] 秦丹丹 . 安史乱后李白、高适、杜甫关系研究 [D]. 保定：河北大学，2017.

[19] 赵家莉 . "李白故里"千年之争的媒介学解读 [D]. 兰州：兰州大学，2022.

[20] 陈洪兵 . "一生好入名山游"——李白的漫游经历掠影 [J]. 兰台世界，2014（24）：27-28.

[21] 高焕玉 . 李白的月亮世界 [J]. 科技风，2011（18）：235.

[22] 蒋志 . 李白与赵蕤 [J]. 绵阳师范高等专科学校学报，2001（01）：59-65.

[23] 王永波 . 李白与庐山 [J]. 贵州文史丛刊，2002（03）：18-28.

[24] 佚名 . 李白的家世和童年 [J]. 全国新书目，2022（03）：27-31.

[25] 张连举 . 李白咏剑诗略论 [J]. 韶关学院学报（社会科学），2006（08）：20-22.